미래교육과 거버넌스

※ 이 책은 석사학위 논문(성공회대학교 시민평화대학원 비정부기구학 전공, 김동춘 교수 지도)을 수정 없이 편집한 것으로 논문의 원제목은 〈미래교육을 위한 광역수준 교육거버넌스 모델 연구〉이다.

미래교육과 거버넌스

박영대

리북

머리글

2014년 가을, 우연한 기회로 성공회대학교 NGO대학원에서 공부를 시작하면서 석사 논문 주제로 생각한 것은 "한국가톨릭 진보운동의 가능성과 실천 전략 연구"였다. 나는 가톨릭사회운동 안에서 학생·청년운동, 학술운동, 언론운동, 소수자인권운동 등을 하다가 2011년 자의 반 타의 반으로 30년 남짓 해오던 가톨릭사회운동을 그만두었다. 나는 진보운동으로서 가톨릭사회운동을 했으나 실패했다. 나만의 실패인지, 진보운동으로서 가톨릭사회운동의 실패인지 따져보고 싶었다. 하지만 2016년 여름 석사 과정을 마친 뒤 한 해 두 해 논문 쓰기를 계속 미루었다. 게으른 탓도 있고 계속 여러 일을 하느라 바쁘기도 했지만, 가장 큰 이유는 논문을 읽을 사람이 거의 없을 게 분명하니 동기 부여가 되지 않았다.

그러다가 2019년 가을부터 인천광역시 미래교육위원회 활동을 하였는데, 오는 10월이면 공동위원장으로서 함께 했던 4년 활동을 마무리한다. 모든 거버넌스가 그렇듯이 광역수준 교육거버넌스인 인천광역시 미래교육위원회도 위태롭지만 조금씩 앞으로 나아가고 있다. 그 과정에서 나는 많은 걸 경험하며 배웠고, 이와 같은 개인의 경험과 배움은 공동재 성격을 가진다고 믿고 있다. 그래서 인천광역시 미래교육위원회 활동을 마무리하면서 내 경험과 배움을 정리함으로써 교육거버넌스의 정착과 활성화에 함께 애쓰는 모든 분과 공유하고 싶었다.

처음에는 인천광역시 미래교육위원회 운영 사례를 중심으로 논문을 쓰려고 했다. 그런데 관련 논문을 찾아보니 이론을 다룬 논문이나 개별 사례를 다룬 논문을 더러 있어도 의외로 거버넌스, 특히 교육거버넌스 운영 사례를 전반적으로 다룬 논문은 찾아보기 힘들었다. 그래서 지금까지 운영된 교육거버넌스 사례를 모두 연구 주제로 삼기로 했다. 지방자치단체의 거버넌스^{민관협치} 실태도 정리한 논문이 없어서 이 또한 연구에 포함하였다. 앞으로 거버넌스 실태 연구를 진행하는 연구자에게 도움이 되기를 바라는 마음에서였다. 또 선행 연구가 별로 안 된 분야의 석사 논문의 미덕은 되도록 자료를 폭넓게 정성껏 정리하는 것이라고 생각하기 때문이다.

나는 지금까지 살아오면서 내 삶을 기획하지 않고 인연 따라 공익을 위한 일을 해왔다. 때로는 월급을 받았지만, 보수 없이 일할 때가 훨씬 더 많았다. 그래서 한때 나를 소개할 때 '공익백수'라고 했다. 내 딴에는 白手가 아닌 百手의 의미로 얘기했는데, 놀고먹는 백수건달 이미지 때문에 아내가 싫어했다. 그러다가 김키미의 《오늘부터 나는 브랜드가 되기로 했다》를 읽고 내 삶을 회고하면서 내가 늘 무언가 새롭게 시작하는 일에서 기획을 맡았다는 걸 새삼 깨달았다. 그래서 그 뒤로는 '공익기획자'를 나의 새로운 '직업 말'로 삼았다.

공익기획자가 지치지 않고 행복하게 일하는 데는 든든한 가족공동체가 필요하다고 생각한다. 나는 부모님으로부터 멋진 가족공동체를 선물 받았다. 요즘 들어 5년 전 돌아가신 아버님 생각을 많이 한다. 나 같은 아들을 말없이 지켜보는 게 결코 쉬운 일이 아니었다는 걸 새삼 느낀다. 구순을 넘긴 연세에도 늘 질문과 참견을 멈추지 않는 어머님도 내 삶을 탓하거나 바꾸려고 하신 적이 없다. 만나면 늘 즐거운 두 누나와 형도 막내인 내가 활동 영역을 바꿀 때마다 후원 등 여러 방식으로 나의 공익 활동을 응원해주고 있다.

누구보다 고마운 건 변치 않을 사람이라는 믿음 때문에 나와 결혼했다는 아내 송인영이다. 초등 교사 송인영은 아이들 얘기를 할 때면 눈이 반짝이는 최고의 선생님이고, 늘 나에게 따뜻한 영감을 준다. 자기 결대로 성실하게 살아가는 세 딸, 혜진·혜민·혜빈이는 세상을 위해 내가 한 공익행위 중에 가장 멋진 일이다. 요즘은 딸들에게 배울 수 있는 게 많아져서 즐겁고 고맙다.

대학원을 함께 다닌 활동가들에게 졸업시험이 아니라 자기 활동을 성찰하는 논문을 써야 한다고 강권하였는데, 정작 나는 논문을 쓰지 않다가 이제야 묵은 숙제를 마치니 속이 다 시원하다.

2023년 7월 18일

차 례

1장

서론

오늘날 환경과 기술은 방향과 속도를 가늠하기 어렵게 변하고 있다. 교육도 에듀테크, 인공지능, 메타버스, Chat GPT 등으로 말미암아 예외가 아니다. '교육은 백년지대계'라는 말은 이제 옛말이다. 백 년 뒤는커녕 십 년 뒤 사회가 어떻게 변할지 알 수 없으니 백 년을 내다보고 교육한다는 건 어불성설이다.

교육은 사회혁신의 도구이자 사회문제를 강화하는 요인이라는 양면성을 가진다. 더 나은 미래사회를 위해서는 교육을 혁신할 필요가 있다. 하지만 교육혁신은 그 어느 사회혁신보다 어렵다. 마이클 샌델이 《공정하다는 착각》에서 능력주의 사회에서 사회적 상승이 더 이상 이루어지지 않는다고 진단하는 바와 같이, 한 사회의 지배 집단이 기득권을 유지하고 상속하는 수단이 교육이기 때문이다.

교육은 더 나은 미래사회를 위해 혁신되지 않고, 정치 이념과 이해득실에 따라 변형만 되풀이한다. 정권이 바뀔 때마다 내놓은 교육정책이 달라서 학생과 학부모만 우왕좌왕 피해를 본다. 이 같은 교육의 정치 편향성과 불연속성에서 벗어나고자 국가교육위원회의 필요성이 제기되었고, 법률 제정 뒤 1년 유예를 거쳐 어렵사리 정식 출범하였다. 그럼에도 불구하고 국가교육위원회가 국가수준 교육거버넌스로 제대로 기능하지 못하리라는 염려와 비판이 꾸준히 있었는데, 정권이 바뀌고 국가교육위원회 출범 이후 진행 과정을 보면 이 같은 염려와 비판은 현실이 되고 있다.

거버넌스 논의는 사회가 복잡해지면서 근대국가 방식의 통치가 사실상 불가능해지자 새로운 국가운영방식으로 1990년대 중반부터 시작되었다. 거버넌스 논의가 시작된 지 약 30년이 지났는데, 지방자치단체가 민관협치 활성화 기본조례를 제정해 거버넌스를 처음 실제 행정에 적용한 건 2016년 서울특별시였다. 교육 영역에서는 2011년 경기도를 시작으로 전국에 확산된 혁신교육지구와 마을교육공동체를 추진하는 과정에서 교육거버넌스의 필요성이 꾸준히 제기되고 모색되었다. 그리고 2014년 경기도교육청이 경기도교육행정협의회 산하에 경기교육주민참여협의회를 두면서 가장 먼저 광역수준 교육거버넌스를 시도하였다. 그 뒤 2019년 인천광역시교육청과 광주광역시교육청이 관련 조례를 제정해 광역수준 교육거버넌스를 구축하고자 하였다.

여러 사회영역에서 30년 가까이 거버넌스 논의와 실천이 이루어졌는데도 아직 교육거버넌스 관련 법령이 없어서 국가수준은 물론 광역수준과 기초수준의 교육거버넌스 실천이 제약받고 있다. 조례를 근거로 교육거버넌스를 시도하다 보니, 시도교육감의 의지에 따라 몇몇 광역 지방자치단체에서만 실천되었고, 그 수준과 방법도 서로 달랐다.

유네스코 국제미래교육위원회의 〈교육의 미래〉 보고서[1]는 2050년을 바라보면서 세 가지 핵심 질문을 던졌다.

---

[1] 보고서의 공식 이름은 〈함께 그려보는 우리의 미래 - 교육을 위한 새로운 사회계약〉(Reimagining our futures together: a new social contract for education)이다. 유네스코 한국위원회는 이 보고서를 공식적으로 〈교육의 미래〉로 줄여 부른다.

우리가 계속해야 할 것은 무엇인가?

우리가 중단해야 할 것은 무엇인가?

창조적으로 새롭게 만들어내야 할 것은 무엇인가?

교육거버넌스가 아직 도입 단계이지만, 거버넌스가 현대사회에서 사회혁신의 도구로서 주목받고 있는 것처럼 교육거버넌스도 미래교육을 위한 교육혁신 도구로 주목받고 있다. 교육거버넌스는 이런 점에서 미래교육을 위해 창조적으로 새롭게 만들어내야 할 것 가운데 하나일 것이다.

마하트마 간디는 '미래는 현재 우리가 무엇을 하는가에 달려 있다'고 했다. 이 같은 맥락에서 미래교육을 위한 교육거버넌스는 지금까지 없었던 완전히 새로운 '미래'의 교육거버넌스 구상이 아니라, 기존 교육거버넌스를 개념과 실천 면에서 새롭게 구축한다는 의미를 담는다.

이 연구는 미래교육을 준비하고 실천하기 위해서 교육거버넌스 이론을 바탕으로 광역수준 교육거버넌스 운영 사례 등을 분석함으로써 미래교육을 위한 광역수준 교육거버넌스 모델을 제시하는 것을 목적으로 한다.

이 같은 연구 목적을 이루기 위한 연구 질문은 다음과 같다.

(1) 지금까지 광역수준 교육거버넌스 운영에서 드러난 성과와 한계, 이를 개선할 방안은 무엇인가?

(2) 미래교육을 위한 광역수준 교육거버넌스 모델은 어떠해야 하는가?

(3) 미래교육을 위한 광역수준 교육거버넌스 모델 정착과 활성화를 위해 필요한 것은 무엇인가?

미래교육을 위한 광역수준 교육거버넌스 모델을 구안하기 위해, 거버넌스와 교육거버넌스 이론과 미래교육을 고찰하였고, 현재까지 진행된 거버넌스와 교육거버넌스 운영 실태를 조사 분석하였다. 이를 위해 진행한 문헌 연구의 주제와 대상은 [표 1-1]과 같다.

미래교육을 위한 광역수준 교육거버넌스 모델을 구안하기

[표 1-1] 문헌 연구 주제와 대상

연구 주제	연구 대상
거버넌스 교육거버넌스	• 관련 논문, 연구보고서 • 관련 법령과 조례
거버넌스 운영 실태	• 관련 논문, 연구보고서 • 관련 법령과 조례
교육거버넌스 운영 실태	• 시도교육청의 관련 문서, 보고서 • 관련 논문, 연구보고서 • 관련 법령과 조례
교육거버넌스 모델	• 관련 논문, 연구보고서
미래교육	• 국제기구의 미래교육 관련 문서 • 정부 기관 또는 정책연구소의 관련 연구보고서 • 시도교육청의 미래교육 관련 문서

위해 인천광역시 교육거버넌스에 참여했던 관계자를 인터뷰함으로써 기존 교육거버넌스의 성과와 한계, 장애 요인과 활성화를 위한 필수 요소를 파악해 모델 개발에 적용하였다. 구조화한 질문지를 바탕으로 인터뷰를 진행하였으며, 인터뷰 질문은 [부록 1]과 같다.

인터뷰 대상자는 인천광역시에서 교육거버넌스 참여 경험이 있는 사람으로 선정하였다([표 1-2]). 서로 다른 신분과 참여방식의 인터뷰 대상자를 선정함으로써 활동지역과 인터뷰 대상자 수 제한에 따른 한계를 극복하고자 하였다.

[표 1-2] 인터뷰 대상자

구분	거버넌스 활동 이력	인터뷰 일시
가	1기와 2기 인천광역시 미래교육위원회 지원 담당 장학관으로서 거버넌스 활동을 지원했음.	2023.3.28. 10:00
나	다양한 마을교육공동체 네트워크에서 활동하고 있고, 인천광역시 마을교육공동체 전문관으로서 관련 거버넌스 활동에 참여하고 있음.	2023.4.7. 14:30
다	인천지역 학부모단체 대표로 교육청과의 다양한 거버넌스 활동에 참여하였고, 1기와 2기 인천광역시 미래교육위원회 부위원장으로 활동함.	2023.4.3. 11:00
라	전교조 인천지부 간부로서 교육청과 시민사회단체 간의 거버넌스 활동에 참여하였고, 1기 인천광역시 미래교육위원회 업무 지원 담당자로서 활동함.	2023.4.17. 15:00
마	학교사회복지사로 인천광역시와 부천시 교육복지거버넌스의 실무자로 참여하였고, 1기 인천광역시 미래교육위원회에 분과위원장으로 참여함.	2023.5.2. 11:00

2장

이론 배경

1절 거버넌스 이론

1. 거버넌스

거버넌스 필요성과 정의

거버넌스governance는 종래의 국가 중심의 배타적·독점적 통치governing나 정부government를 대체하는 용어로서 시대·학문 분야에 따라 다른 의미로 사용해온 담론 개념으로, 우리말로는 주로 '협치'로 번역되어 사용하였다. 관과 관 사이의 협치가 아닌 민간부문의 참여를 보장하는 협치라는 점을 강조하기 위해 '민관협치'로 사용하기도 하였다(3장 1절).[2]

거버넌스 논의가 1990년대 중반부터 등장한 것은 세계화·정보화·분권화 등 사회가 복잡해지면서 정부 실패가 거듭되고 국가 통치 능력에 대해 시민사회·기업 등 민간부문이 도전하면서

---

[2] 법령에 '협치' 용어가 사용된 것은 지속가능발전 기본법 19조(국가위원회의 기능)가 유일하고, 자치법규에는 '세종특별자치시 협력적 거버넌스체제 구축 및 활성화에 관한 조례', '전라북도 교육거버넌스 구축과 활성화에 관한 조례', '제주특별자치도교육청 학교스포츠클럽 활성화를 위한 스포츠거버넌스 설치 및 운영에 관한 조례' 등에 거버넌스 용어를 사용하였고, '협치'를 사용한 군포시, 수원시, 평택시 등 일부를 제외한 지방자치단체는 '민관협치'로 사용하였다.

국가 중심의 근대적 통치에서 벗어난 조정·연결·협력의 새로운 국가 운영방식이 요구되었기 때문이다(신현석, 2022, 5). 거버넌스는 민주주의를 되살리려는 정치가·행정가의 자기성찰이 아니라, 시대 상황에 따라 사회 권력 지형이 바뀌고 각종 공공문제를 정부 혼자 해결할 수 없는 상황에서 정부가 자기 정당성을 지키려고 채택한 자구책으로 등장하였다.

행정학 등 사회과학 분야에서도 거버넌스 개념의 사용이 급격히 늘어났는데, 이는 전통 행정학 이론 처방에 대한 회의와 불신이 커지고 좋은 행정을 구현하는 새로운 이론 처방을 바라는 학술적·정책적 수요가 급증한 때문이다(이명석, 2021, 280).

하지만 정부가 정부 강제력 없이 자발적 협력을 통해 사회문제가 해결될 수 있다고 믿지 않으면서도 전통적 사회문제 해결 방법의 낡은 이미지를 벗어버리려고 거버넌스 개념을 사용하는 것이 현실이다. 이명석은 거버넌스의 개혁 이미지만 채용하고 정부 중심의 전통적 사회문제 해결의 근본 문제점을 고치지 않는 병리 현상을 '거버넌스 신드롬'으로 규정한다(이명석, 2017a, 27-31). 이처럼 정부의 독점적 사회문제 해결을 당연하게 받아들이고 계층제 통제의 부작용과 비효율성을 보완하려는 것은 거버넌스가 아니다. 그럴 경우, 정부에 의존하지 않는 새로운 사회문제 해결 방법을 모색하고 실행하는 가능성이 원천 차단되고 결국 사회 전체의 사회문제 해결 효율성이 낮아진다. 이명석의 '거버넌스 신드롬' 개념은 현재 우리나라 거버넌스 실태를 정확하게 진단하고 있다고 할 수 있다.

거버넌스는 공공문제를 해결하기 위해 정부, 시장, 시민사회가 권한과 책임을 공유하는 사회조정 메커니즘이다(이형용 외, 2021, 37-38). 거버넌스는 다양한 사회적 행위자의 가치를 수용하고 창의적으로 새로운 관계를 형성해 사회혁신을 추구하고 사회구조의 통합성을 유지한다. 또한, 거버넌스는 정부·기관·조직 등 다양한 수준에서 운영되는 구조structure와, 관계된 일을 실행하는 작동과정working process이 결합된 복합 개념이다(신현석, 2022, 5).

이상 논의를 종합하면, 거버넌스는 '정부, 시장, 시민사회가 권한과 책임을 공유하면서 다양한 가치를 수렴한 새로운 공유 가치체계를 바탕으로 공공문제를 해결하고 사회를 혁신해가는 사회조정 방식이자 새로운 통합적 사회구조'를 말한다.

협력적 거버넌스

거버넌스 연구자는 바람직한 거버넌스로 협력적 거버넌스 cooperative governance를 제시한다. 하지만 협력적 거버넌스 정의는 연구자에 따라 다르다. 신현석과 이명석의 협력적 거버넌스 이론을 중심으로 살펴보고자 한다.

신현석은 거버넌스를 계층제 거버넌스, 참여적 거버넌스, 협력적 거버넌스로 구분한다(신현석, 2022, 7). 계층제 거버넌스는 국가 관료제 중심의 계층제를 토대로 정부가 모든 정책과정을 주도하고, 참여적 거버넌스는 자기 이익 추구를 위한 정책형성과정 참여에 국한된다. 현재 시행하는 거버넌스는 대부분 참여적 거버넌스이다. 참여적 거버넌스는 시장과 시민사회 등의 실질적 참여를 보장하지 않는다. 정부의 독점적 정책 시행에 대한 비판을 피하려고 형식적 정책 참여 기회 제공과 소극적 정책 수용에 머물러서 정부, 시장과 시민사회 모두로부터 큰 의미를 부여받지 못하고 있다. 협력적 거버넌스는 민관협력과 파트너십을 토대로 한 의사소통과 네트워크 조정을 강조하고, 각 행위 주체의 참여와 파트너십을 바탕으로 상호협력을 통해 당면 문제를 해결하는 게 특징이다(신현석 외, 2018, 35-36).

참여적 거버넌스와 협력적 거버넌스를 정책과정 단계별로 비교하면 다음과 같다(신현석 외, 2018, 37).

(1) 정책결정단계에서 협력적 거버넌스에는 정부와 이해당사자뿐만 아니라 해당 문제에 관심 있는 다양한 집단이 참여할 수 있지만, 참여적 거버넌스에는 정부와 이해당사자로 한정된다.

(2) 정책 집행단계에서 협력적 거버넌스에서는 공동 목적 달성을 위해 다양한 주체가 경계를 넘어 협력하는 정책 주체가 될 수 있어서 책임을 공유할 수 있으나, 참여적 거버넌스에서는 주로 정부가 정책을 집행하며, 다른 주체는 활동적 관여에 그치고 있으므로 책임소재가 불분명해질 수 있다.

(3) 정책평가단계에서 협력적 거버넌스에서는 다양한 주체

가 지속적 의견교환과 협력을 통해 평가를 진행하므로 행정 투명성이 높지만, 참여적 거버넌스의 경우 사전 정책 합의를 끌어내는 데 그치고, 정책평가에는 개인 자격으로 제한적으로 참여하는 경우가 대부분이어서 정책 투명성이 낮다.

이명석은 협력적 거버넌스를 계층제 거버넌스·시장 거버넌스·네트워크 거버넌스의 최적 혼합을 통한 자율적 행위자·조직 사이의 구조화된 상호작용을 활용해 기존의 조직 경계와 정책을 넘어서 새로운 공동가치를 창조하는 사회문제 해결 방식이라고 규정한다(이명석, 2017a, 189-198).

'공동문제를 해결하는 방법 또는 사회적 조정양식의 특별한 유형'이라는 좁은 의미의 거버넌스 정의를 바탕으로 하면, 계층제 거버넌스는 계층제 지시를 통한 사회적 조정양식, 시장 거버넌스는 시장의 가격 기제를 통한 사회적 조정양식, 네트워크 거버넌스는 신뢰 등에 의해 형성되는 네트워크에 의한 사회적 조정양식이다.

계층제 거버넌스는 위기를 관리하고 재정 책임성을 확보하는 등 통제가 필요한 사회적 조정에 적합하고, 시장 거버넌스는 일상적으로 반복되거나 정치적으로 민감하지 않은 문제를 해결하는 데 적합하다. 네트워크 거버넌스는 복잡하고 비구조화하고 다양한 행위자와 이해관계자가 존재하는 문제를 해결하는 데 적합하다.

네트워크 거버넌스는 계층제 거버넌스나 시장 거버넌스가

등장하기 전부터 존재한, 인류 역사만큼 오래된 사회문제 해결 방법 또는 사회적 조정양식이다. 이는 정부의 계층제 통제나 간섭에 의존하지 않고 사회 구성단위 스스로 협력을 통하여 사회문제를 해결할 수 있는 능력을 의미한다. 네트워크 거버넌스는 협력적 거버넌스를 하나로 연결하는 접착제이고 협력적 거버넌스를 작동하는 생명 혈이다. 시장 거버넌스와 계층제 거버넌스가 압도적 비중을 차지하는 협력적 거버넌스에서도 대등한 행위자의 비공식 관계에서 협력을 유지하는 기본 기제는 네트워크 거버넌스이다.

협력적 거버넌스의 필요성은 다음과 같다(신현석, 2011, 105-106).

(1) 정부 정책 실패 가능성이 커져 다양한 이해당사자와 시민사회의 정책 참여와 협조가 불가피해졌기 때문이다.
(2) 정책결정·집행과정에서 이들의 참여로 정책 분업화와 전문화를 도모해 정책 정당성을 높일 수 있기 때문이다.
(3) 다양한 이해집단과 민간을 정책과정에 참여시켜 정치적 이해를 초월한 합의와 협력을 바탕으로 일관된 공공서비스를 제공할 수 있고 행정의 합리성을 높일 수 있기 때문이다.
(4) 공공서비스 수요자가 의사결정에 참여함으로써 정책의 책무성과 행정 수요에 대한 정부 대응성을 높일 수 있기 때문이다.

협력적 거버넌스의 장점은 다음과 같다(이명석, 2017a, 199-201).

(1) 정부 또는 한 개인이나 조직에 없는 전문성을 갖춘 다양한 협력자와 관계를 맺으면서 사회문제 해결에 필요한 전문성을 갖출 수 있게 한다.

(2) 혁신적 사회문제 해결방법이 가능하다.

(3) 신속한 사회문제 해결이 가능하다.

(4) 변화에 유연하게 대처할 수 있다.

(5) 사회문제 당사자에게 더 가깝게 접근할 수 있다.

(6) 규모의 한계를 극복하고 사회문제의 특성에 맞는 최적의 해결방안을 제공할 수 있다.

공공난제와 협력적 거버넌스

협력적 거버넌스를 실현해야 하는 건 공공난제[wicked problems][3] 해결을 위해서 관련 주체의 실질 참여와 협력이 이루어져야 하기 때문이다(신현석 외, 2018, 36).

공공난제는 다음과 같은 특징을 가진다(이명석, 2017a, 114-115).

(1) 문제 자체의 모호성, 이해당사자의 선호·관점·이해관계 등의 차이로 말미암아 해결 전까지 문제 정의가 거의 불가능하다.

---

[3] 이명석은 wicked problems을 '사악한 문제'로 번역하였다. wicked가 악하다는 뜻보다는 해결하기 어렵다는 뜻이기 때문에, 이 논문에서는 '공공난제'로 표현을 통일하였다. 사회과학에서 해결하기 어려운 '고약함'을 의미하는 공공난제는 그 존재에 대해 학술적으로 어느 정도 인정되고 있으나, 여전히 통일된 정의는 없다(신현석, 2023, 16).

(2) 맞고 틀림의 문제가 아니다.

(3) 완전한 해결이 불가능하고 만족할만한 수준의 해결만이 가능하다.

(4) 해결책의 성패를 판단하는 절대적·즉각적 기준이 없다.

(5) 전례가 없고 독특하고 유일하다.

(6) 한번 문제해결이 추진되면 되돌릴 수 없어 시행착오가 용납되지 않는다.

(7) 제한된 범위의 기존 대안이 존재하지 않아 대안을 창조적으로 고안해야 한다.

(8) 문제가 복잡하게 얽혀 있어서 한 문제가 다른 문제의 징후일 수 있다.

(9) 문제 설명 방식이 다양해서 문제 설명 방식의 선택이 문제 해결책의 본질을 결정한다.

(10) 문제해결 실패의 영향이 커서 문제해결 계획 담당자에게 실패가 용납되지 않는다.

저출산 고령화에 따른 인구구조 변화, 저성장과 불평등, 대학 입시 등 교육문제는 전형적인 공공난제라고 할 수 있다.

공공난제를 대처하는 전형적 방법은 문제를 과학적으로 연구하거나 문제를 순하게 길들이는 것이다. 하지만 공공난제의 경우 전문가의 자료 수집과 분석을 통해 얻거나 배울 수 있는 게 거의 없고, 그 해결을 위해 필요한 것은 분석이 아니라 정치이다. 문제를 임의로 정의하고 문제해결 기준을 임의로 설정하고 겉보기에 비슷한 과거 문제 유형으로 분류하여 기존 해결책을 적용하는 등의 길들이기도 문제해결에 도움이 안 된다(이명석, 2017a, 116-117).

공공난제는 문제의 범위가 하나의 조직 또는 기관의 관할권과 일치하지 않아 다양한 조직이나 기관의 자원·정보·노력을 함께 동원해야만 성공적으로 해결할 수 있는 문제이기 때문에, 협력적 거버넌스는 공공난제의 해결에 알맞은 방법이다.

거버넌스 개혁

미래사회 변화에 따라 행정도 변화해야 하는데, 이 같은 미래 행정 환경 변화에 효과적으로 대응하려면, ① 정부만이 사회문제를 해결해야 한다는 고정관념을 극복하고, ② 거버넌스에 관심을 두고, ③ 사회문제의 본질과 유형을 파악하고, ④ 새로운 거버넌스를 적극 탐색하고, ⑤ 새로운 거버넌스 과정의 난관을 극복하려는 적극 대책을 찾으려는 노력이 요구된다(이명석, 2017b, 28). 즉 행정개혁의 핵심인 거버넌스 개혁이며, 거버넌스 개혁은 새로운 유형의 협력적 거버넌스를 탐색하는 개혁이라고 할 수 있다.

거버넌스 개혁은 다음과 같은 거버넌스 현실 때문에 필요하다(이명석, 2017b, 26-27).

(1) 같은 정책목표의 비슷한 정책을 추진하는 여러 부처가 부처 이기주의를 극복하지 못해 불필요한 정책 중복으로 낭비한다.

(2) 수평적·자발적 협력을 유도하기보다 협력을 강제하거나 제도화해 실질적 협력의 장점을 활용하지 못한다.

(3) 다양한 관련 부처와 민간부문의 문화·선호·가치관·역량 차이에 관심을 두지 않는다.

(4) 민관협의체나 위원회 등 획일적 방식으로 거버넌스를 추진한다.

(5) 실질적 의사소통과 신뢰 구축이 적절하게 이루어지지 못한다.

(6) 지속성과 책임성 확보를 위해 정교한 제도화와 법제화 등 정부 강제력을 활용하는 방법이 강조되는 경우가 많다.

거버넌스 개혁은 ① 정부와 민간부문이 함께 정책을 결정하는 방법 개혁, ② 정부와 민간부문이 함께 사회문제를 해결하는 방법 개혁, ③ 정부 부처와 다른 정부 부처가 함께 사회문제를 해결하는 방법 개혁, ④ 민간 기관과 다른 민간 기관이 사회문제를 해결하는 방법 개혁을 포함한다(이명석, 2017b, 12). 이 같은 거버넌스 개혁의 여러 측면을 모두 실현한 것이 협력적 거버넌스이다.

메타거버넌스 : 협력적 거버넌스의 거버넌스

협력적 거버넌스가 성공하려면 거버넌스 설계와 관리가 제대로 이루어져야 한다. 협력적 거버넌스의 성공 여부는 초기 설계에 달려 있다. 초기 설계가 적절하지 않으면 적절한 참여자가 네트워크에서 빠지거나 부적절한 참여자가 네트워크에 포함되고 계층제·시장·네트워크 거버넌스가 부적절한 비율로 작동하는 등의 문제가 생길 수 있다(이명석, 2017a, 212-213).

협력적 거버넌스 설계자는 ① 사회문제의 본질을 파악하고, ② 사회문제 해결에 필요한 가장 적절한 사회적 조정양식의 혼합 비율을 탐색하고, ③ 다양한 협력적 거버넌스 참여자의 유기적 연결망을 구축하고, ④ 협력적 거버넌스 참여자의 역할 등에 관해 참여자와 대화를 나누고 결정을 주도하는 역할을 한다.

협력적 거버넌스 속성을 가장 잘 이해하는 설계자가 협력적 거버넌스 구성 과정을 주도하는 경우 공공부문과 민간부문의 다양한 참여자가 더욱 효율적인 협력적 거버넌스를 구성할 수 있다. 이를 정부가 주도하는 경우, 정부가 사회문제 해결의 책임을 교묘하게 회피하면서 민간부문에 대한 통제력을 유지 또는 강화하는 수단으로 협력적 거버넌스를 활용할 위험도 있다. 하지만 민간영역에서 협력적 거버넌스 속성을 이해하는 설계자를 거의 찾을 수 없어서 결국 정부가 주도하는 게 현실이다.

정부가 주도할 경우, 정부는 협력적 거버넌스 설계단계에서 다음 전략을 고려해야 한다(이명석, 2017a, 214-218).

(1) 사회문제 해결을 통해 추구해야 할 공공가치를 정확하게 규정해야 한다.

(2) 공공가치 달성에 필요한 협력적 거버넌스 참여자를 적극 발굴해야 한다.

(3) 주어진 공공가치를 극대화하기 위해 최적의 협력적 거버넌스 유형을 적극 탐색할 필요가 있다.

(4) 정부 예산뿐만 아니라 민간부문을 포함한 다양한 사회구성원의 자원과 역량을 동원하여 협력적 거버넌스를 형성하고 활성화하는 창의적 방법을 찾아야 한다.

(5) 협력적 거버넌스 실패의 주요 원인인 의사소통 붕괴를 막기 위해 적절한 의사소통 통로를 구축해야 한다.

(6) 참여자 사이의 강력한 연결망과 지속적 관계를 유지하기 위해 노력해야 한다.

(7) 협력적 거버넌스 참여자 사이의 문화적 이질성을 극복하기 위해 노력해야 한다.

하지만 현실적으로 협력적 거버넌스 설계자인 정부는 이 같은 전략을 추구하려고 하지 않는다. 결국, 민간부문이 얼마나 적극적이고 주도적으로 정부에게서 이 같은 전략을 끌어내느냐가 핵심이므로 민간부문의 거버넌스 역량이 무엇보다 중요하다.

협력적 거버넌스 관리는 정부뿐만 아니라 민간부문 참여자도 할 수 있다. 계층제 거버넌스에 의존하지 않는 협력적 거버넌스 관리가 되어야 하고, 이를 위해 메타거버넌스가 필요하다.

이명석은 메타거버넌스를 협력적 거버넌스를 탐색하고 관리하는 것, 즉 협력적 거버넌스의 거버넌스라고 정의한다. 메타거버넌스는 다양한 사회적 조정양식의 혼합으로 협력적 거버넌스를 형성하고 활성화해 성공적으로 사회문제를 해결하기 위해 노력하는 것이다. 즉 사회문제를 해결하는 과정을 조정하고 관리하는 것이며, 사회가 다스려지거나 관리되는 새로운 방법을 다스리거나 관리하는 새로운 방법이다(이명석, 2017a, 220-222).

협력적 거버넌스 관리에서 특히 중요한 것은 다양한 참여자로 이루어진 네트워크를 효과적으로 관리하고 활용하는 것이다. 협력적 거버넌스의 핵심인 네트워크 거버넌스는 신뢰 등의 사회적 자본과 성숙한 시민사회의 존재를 전제로 한다. 이런 조건이 갖추어지지 않으면 협력적 거버넌스에 의한 사회문제 해결은 불가능하다. 협력적 거버넌스를 위해서는 민간부문, 특히 시민사회의 거버넌스 역량이 무엇보다 중요하다.

스마트 거버넌스

현대 정보화 사회는 오프라인 중심의 정책과정에도 변화를 가져오고 있다. 스마트 거버넌스smart governance는 기존 거버넌스에 정보기술을 접목해 이해관계자의 자발적 참여를 보장하는 새로운 거버넌스 형태이다. 기존 거버넌스는 물리적·시간적 제약으로 대리인을 통해 정책 수립과 실행이 이루어지지만, 스마트 거버넌스는 정보기술을 통해 이해당사자가 정책과정에 직접 참여할 수 있다. 스마트 거버넌스의 최종 목적은 기술을 통한 직접민주주의 구현이다(홍순구 외, 2020, 69-205).

• 정책의제 설정

정책의제 설정은 공식적으로 해결하기 위해 사회문제를 정책문제로 전환하는 행위이다. 네트워크 사회가 되면서 ICT 발전으로 개방형 인터넷 플랫폼을 통해 시민의 능동적 참여가 가능해지면서 정부 주도의 동원형이나 내부주도형 정책 형성이 아니라 시민 중심의 외부주도형 의제 설정과 정책결정 참여가 이루어지게 되었다.

빅데이터 분석을 통한 정책의제 설정의 지능화·자동화는 정보와 증거를 바탕으로 객관적이고 정확한 여론의 탐색, 빠른 이슈 도출, 선제적 대응책 마련을 가능하게 한다.[4]

• 정책 형성

정책 형성은 정책수단을 탐색·발굴해 정책목표와 정책수단을 연결해 정책대안을 개발하는 것이다. 정책 형성 수단은 공론화가 가장 대표적이며, 공론화는 정책 관련자들이 사회적 갈등의 해결방안을 모색하고자 다양한 의견을 내고 토론하는 과정이다.정책실무자와 전문가 임시조직의 구성과 활동, 정책토론회, 연구 용역 등. 과거 정책 형성에서는 전문지식을 가진 엘리트가 최적의 정책대안을 선정하였지만, 정책환경이 복잡해지고 급변해 소수 전문

---

[4] 정책의제 설정의 대표적 기존 방법은 정책 델파이, 문헌분석, 설문 조사 등이다. 정책 델파이는 응답자인 전문가의 자질과 역량, 불성실한 응답 또는 응답 조작 가능성, 모니터팀의 능력 부족 등의 문제가 있다. 설문 조사는 부적절한 문항 설계, 표본 오류, 부적절한 분석 방법 적용과 해석 등의 문제가 있다. 문헌 연구는 문헌의 주관성·편파성·역사적 배경·성격을 고려하지 않은 해석, 방대한 문헌에 따른 장기간 연구시간 소요 등의 문제가 있다.

가가 이를 파악해 합리적 정책대안을 결정하기가 어려워졌다. 그래서 신속하고 적합한 정책 형성을 위해 이해관계자의 참여와 정보 공유, 공감대 형성을 지원하는 지능화·자동화 기술을 적용하고 있다. '민주주의 서울', '국회톡톡' 등이 그 예이다.[5]

• 정책결정·집행

정책결정은 공적 권한 기구에 구체적 정책실행안을 상정해 토론을 통한 검토와 합의 형성과정을 거쳐 공적 실행을 결정하기까지의 과정이고, 정책집행은 예산안을 통과해 정책을 실행하는 과정이다. 기존의 정책결정·집행과정은 대리인에 의한 의사결정과 감시·감독에 의존했고, 시민 대리인과 전문가 간의 인식 차이 등으로 의사소통 문제가 있어서 최적의 정책결정이 어려웠다. 정책결정 과정에서는 상반된 이익과 가치를 실현하고자 하는 다양한 이해관계자 사이에 갈등이 생기기 마련이며, 현실 변화와 불확실한 정보로 말미암아 예상 못 한 결과가 나올수 있다. 따라서 ICT를 이용한 정책집행과정 공유와 모니터링을 통해 정책을 수정해야 한다.

• 정책평가

정책평가는 정책대안이 계획대로 집행되었는지, 정책목표가

---

[5] '민주주의 서울'은 박원순 시장이 2017년 10월부터 운영한, 시민과 서울시가 함께 일상의 제안, 일상의 토론, 일상의 정책을 만드는 시민참여 플랫폼. 이전에는 '천만상상 오아시스'라는 이름의 시민제안 창구로 운영되었고, 오세훈 시장 당선 이후 2023년 '상상대로 서울'(https://idea.seoul.go.kr)로 다시 바뀌었다. '국회톡톡'은 국민 누구나 입법 제안을 할 수 있는 시민입법 플랫폼. 1천 명의 지지를 받으면 입법안을 의원에게 전달하고 입법 실행 절차를 밟는다. - https://www.hani.co.kr/arti/politics/polibar/767321.html

달성되었는지를 평가하는 활동이다. 기존의 정책평가는 전문가 참여와 정형화된 데이터만 적용, 시민참여가 없는 소통의 부재, 주로 정량 데이터 분석과 활용 등의 문제가 있다.

앞서 살펴본 바와 같이, 협력적 거버넌스는 정부·이해당사자·지역주민·시장·시민단체가 정책결정과 정책집행에 참여하는데, 스마트 거버넌스는 정책결정과 집행과정에 모든 정책 행위자가 쉽고 안정적으로 참여할 수 있도록 해준다. 또한, 디지털 데이터를 이용한 과정 평가가 가능하므로 빅데이터 분석, 그로스해킹 등을 통해 지속적으로 평가하면서 유연하게 정책을 수정해나갈 수 있다. 또한, 정책과정 전체를 온라인에 공개하고 자유로운 참여를 보장하기 때문에 정책 투명성이 높아진다.

2. 협력적 지역교육거버넌스

거버넌스를 '정부·시장·시민사회가 권한과 책임을 공유하면서 다양한 가치를 수렴한 새로운 공유 가치체계를 바탕으로 공공문제를 해결하고 사회를 혁신해가는 사회조정 방식이자 새로운 통합적 사회구조'라고 정의한 바 있다. 이를 적용하면, 교육거버넌스는 '정부·시장·시민사회가 권한과 책임을 공유하면서 다양한 가치를 수렴한 새로운 공유 가치체계를 바탕으로 교육문제를 해결하고 사회와 교육을 혁신해가는 사회조정 방식이자 새로운 통합적 사회구조'라고 정의할 수 있다.

신현석에 따르면, 교육거버넌스는 교육제도와 운영과정에서 이해 동반의 관계자들과 공동체적 연대체제를 구축하고 조정·연결·협력을 통해 주어진 과업을 수행하는 네트워크 기반 운영 방식이다. 협력적 교육거버넌스 구축은 단순히 쟁점 현안에 대한 해결책만을 제시하는 것이 아니라 미래교육 정책 추진구조 참여 주체와 기구, 조직, 법규 체계, 정책과정의제설정-정책결정-정책집행-정책평가, 운영 측면협력과 관리, 합의 원칙 등을 종합적으로 고려해야 한다(신현석, 2022, 8).

협력적 교육거버넌스의 필요성은 마을교육공동체에서 계속 제기되어 왔다. 양병찬은 마을교육공동체가 지역사회의 지속가능한 구조로서 지역에서 나아가기 위해 교육거버넌스 체제를 구축해야 하고, 이는 지방자치단체와 교육청 간의 행정 협력을 넘어서 주민의 주체적 참여가 이루어지는 거버넌스, 즉 협력적 교육거버넌스이어야 한다고 했다(양병찬, 2020, 6). 김용련에 따르면, 마을교육공동체를 위한 생태적 교육거버넌스는 지역 생태계를 기반으로 한 일반자치와 교육자치 그리고 교육 주민자치 간의 자생적 협력을 통해 지역교육 시너지집단지성를 창출하는 협치 구조와 과정이다(김용련, 2019, 160-161). 교육 주민자치가 이루어진다는 의미는 단순히 민관협력체제를 구축하는 것을 넘어서 공유된 권한과 책임을 함께 행사하는 협력적 교육거버넌스를 구축하는 것이다.

지역교육거버넌스는 '지역교육의 지배구조와 절차의 운영과정에서 종래 지역교육 행정 주체교육청, 교육위원회의 위계적 독점에서 벗어나 시장과 시민사회의 참여와 공유를 바탕으로 조정과 협력을 통해 통치해 나가는 것'이다. 협력적 지역교육거버넌스는 지역교육 발전을 위해 지역 수준에서 정부·지역주민 등각 행위 주체가 모든 지역교육 정책단계에서 단순한 참여와 타협을 넘어 상호협력과 의존성을 높이고 서로 협력해 문제를 해결하고 책임지는 거버넌스이다(신현석, 2011, 103-105).

협력적 지역교육거버넌스는 주요 지역교육 현안을 지역사회 공동체가 연대하고 협력하여 책임의식을 바탕으로 투명하고 실효성 있게 해결하는 데 바람직하다. 하지만 1990년대 이후 교육자치가 이루어지는 시도 단위에서 적대적 진영정치를 극복하고 새로운 지역교육거버넌스를 만들어가는 논의는 상대적으로 빈곤하였다. 지방자치와 교육자치가 분리된 제도적 환경에서 교육정책이 지방자치단체와 교육지원청의 경계를 넘나들면서 기획·실행되고 있는데도 지역에서 협력과 합의의 제도에 관한 성숙한 수평적 논의는 잘 이루어지지 않고, 국가로부터 권한을 이양하는 수직적 논의 중심의 지역교육거버넌스에만 집중하였다. 결국, 지역교육거버넌스는 교육청 중심의 일방적 논의 진행에 다양한 사람이 동원되는 경향, 정책화를 통해 지속성이나 실효성을 담보하지 못하고 단발적 의견 제안으로 끝나는 임시방편적 도구, 정책의 설계부터 실행·평가까지 유기적으로 결합하지 못하는 실행전략의 부재 상태에 머물고 있다(신현석, 2023, 10).

'지역사회 교육거버넌스 실태분석 및 발전 방안 연구'는 기초 수준 지역교육거버넌스의 문제점을 지적하면서 새로운 지역교육거버넌스의 추진 방향을 다음과 같이 제시하고 있다(김용련 외, 2020, 210-211). 기존의 '관 주도형의 종속적 교육거버넌스' 구조에서 벗어나 지역사회가 당면한 교육문제를 자율적·자립적으로 해결해 나가는 '민·관·학 협업의 자치형 교육거버넌스'로 바꿔나가고, 각종 교육정책과 사업의 분리·중복·단절된 추진체계를 벗어나서 교육정책과 사업 간 조정·연계되는 융합형 모델로 추진해가는 것이다.

[표 2-1] 새로운 지역사회 교육거버넌스 추진 방향

기존의 지역사회 교육거버넌스의 문제점	새로운 지역사회 교육거버넌스 추진 방향
관 주도 종속형 교육거버넌스	민·관·학 협업 자치형 교육거버넌스
관(시청, 교육청) 주도의 지시적·하향적 교육거버넌스 구조	민·관·학의 협업구조로 지역사회가 주도하는 협력적·상향적 교육거버넌스 체계
지자체 교육사업 간 중복 추진과 주체 간, 사업 간 조정·연계 미흡으로 인한 비효율성, 교육자원 부족	지자체-교육지원청-학교 간 협업으로 지역사회 수요에 적합한 교육자원 활용과 효율적 교육사업 운영
교육사업의 단기적 운영과 형식주의화(보여주기식, 생색내기식)에 따른 사업 실효성 약화	교육사업의 장기적 운영과 내실화, 유연화, 융합화로 교육사업 실효성 강화
지역사회 교육역량 부족과 주민들의 참여 부족	교육협업사업 추진과정에 학교와 주민의 적극적 참여를 통한 지역사회 역량 강화

2절 미래교육과 교육거버넌스

인공지능, 메타버스, Chat GPT 등이 산업뿐만 아니라 우리 일상을 바꾸어놓고 있고, 기후위기 등으로 지구의 지속가능성이 위태롭다. 이러한 변화와 도전에 대응하기 위해 미래교육에 관한 관심이 그 어느 때보다 크고, 국제사회는 물론 우리나라에서도 관련 연구와 보고서 발간이 활발하다.

이처럼 미래교육에 관한 논의가 활발하지만, 미래교육이 무엇인지 정의가 이루어지지 않았다. 미래교육은 담론적 개념인 셈이다. 대체로 미래교육은 우리가 이상적으로 생각하는 교육이 미래에 실현된 상태를 말하거나, 미래사회의 변화상을 예측해 필요한 핵심역량을 갖추게 하는 교육을 말한다.

국제적으로는 미래교육의 방향과 과제를 제시하기 위해 유네스코 국제미래교육위원회가 〈교육의 미래〉 보고서를 내놓았고, 우리나라에서는 국가교육위원회 설치에 앞서 국가교육회의가 미래교육체제에 관한 공론화를 진행하였다.

1. 교육의 미래 : 유네스코 보고서

유네스코는 1972년 〈포르 보고서〉, 1996년 〈들로르 보고서〉
에 이어[6] 2021년 〈함께 그려보는 우리의 미래: 교육을 위한 새
로운 계약〉Reimagining our futures together: a new social contract for
education; 한국어 약칭 '교육의 미래' 보고서를 발표했는데, 2050년과
그 이후를 내다보면서 교육이 이 세계와 우리가 공유하는 미래
형성에 어떤 역할을 할 수 있는지를 묻는다.

이 보고서는 유네스코가 2019년에 구성한 국제미래교육위원
회위원장 에티오피아연방민주공화국 대통령 사흘레-워크 쥬드 외 17명의 위원으로
구성. 우리나라는 서울대 김도연 교수가 참여의 공동작업으로 만들어졌다.
이 과정에서 2019년부터 2021년까지 비정부단체와 시민사회
단체, 정부 기관, 학술기관, 연구단체, 민간단체, 청소년·학생단
체와 네트워크, 그리고 유네스코 국가위원회들이 포커스 그룹
토론, 주제보고서, 웨비나webinars 등을 통해 교육의 미래에 관한
글로벌 대화에 참여하였다. 또한 유네스코학교네트워크ASPnet
에 포함된 학교도 학생·교사·학부모와 함께 토론과 포커스 그
룹 활동을 수행하였다우리나라 23개 학교 참여. 이처럼 〈교육의 미래〉

---

6 〈포르 보고서〉는 유네스코 국제교육발전위원회가 1972년 발간한 〈존재하기 위한 학습〉
(Leaning to be) 보고서로서, 전 프랑스 총리 에드가르 포르 위원장의 이름을 따 〈포르
보고서〉로 널리 알려져 있다. 1970년대 당시 국제 교육 동향을 분석하며 미래교육에 대
한 전망과 함께 '평생학습', '학습사회'의 개념을 제시했다. 〈들로르 보고서〉는 유네스코
21세기세계교육위원회가 1996년 발간한 〈학습: 그 안에 담겨 있는 보물〉(Learning: The
Treasure Within) 보고서로서, 자크 뤼시앵 장 들로르 위원장 이름을 따 〈들로르 보고서〉
로 널리 알려져 있다. 평생학습의 가능성을 모든 인간이 미처 발견하지 못하고 잠재적으
로 가지고 있는 숨겨진 보물로 비유한다.

보고서는 국제 교육거버넌스를 통해 만들어졌다.

'교육을 위한 새로운 사회계약'이라는 부제를 달고 있는 이 보고서는 지금 인류와 지구의 미래가 모두 위험하므로 그 경로를 바꾸기 위한 긴급 행동으로서 교육을 위한 새로운 사회계약을 제안한다.

교육은 공동 이익을 위해 협력하려는 사회구성원의 암묵적 합의인 사회계약의 측면에서 파악할 수 있다. 이 사회계약의 출발점은 교육의 공공 목적에 대한 공동비전이고, 교육제도와 이를 구축·유지·개선하기 위해 분배한 작업을 구조화하는 기초적·조직적인 원칙들로 구성된다. 이러한 '교육을 위한 새로운 사회계약'은 '정부·시장·시민사회가 권한과 책임을 공유하면서 다양한 가치를 수렴한 새로운 공유 가치체계를 바탕으로 교육문제를 해결하고 사회와 교육을 혁신해가는 사회조정 방식이자 새로운 통합적 사회구조'인 교육거버넌스와 일맥상통한다. 즉 교육거버넌스는 〈교육의 미래〉 보고서가 제안하는 '교육을 위한 사회계약'을 추진하는 구조이자 과정이라고 할 수 있다.

새로운 사회계약의 기본원칙은 ① 평생 양질의 교육을 받을 권리의 보장, ② 공공 노력public endeavor이자 공동재a common good로서의 교육 강화이다. 교육은 공적으로 누구에게나 제공되어야 하는 공공재a public good이자 전 사회 참여와 노력으로 함께 만들어가는 공동재a common good이다(국제미래교육위원회, 2022, 2-3).
공동의 사회적 노력shared societal endeavour으로서 교육은 적절하고 지속적인 공공재정 지원을 보장할 뿐 아니라, 모든 사람이 교육에 관한 공적 토론에 참여하도록 사회 전반의 책임의식을 높여야 한다. 공공 노력이자 공동재로서의 교육을 강화하기 위해서, 즉 함께 선택하고 성취하며 공유하는 공동재로서의 교육을 실현하기 위해서는 교육거버넌스를 구축해야 한다. 〈교육의 미래〉 보고서는 '교육을 위한 새로운 사회계약'을 촉진하기 위해서는 아동·청소년·학부모를 포함한 모두가 교육의 미래를 건설하는 데 반드시 참여할 필요성을 강조한다.

앞서 살펴본 바와 같이 〈교육의 미래〉 보고서가 제안하는 '교육을 위한 새로운 사회계약'을 추진하기 위해서는 구조와 과정이 필요하다. 이러한 구조와 과정은 교육거버넌스이며, 이를 통하여 다양한 관점과 목소리가 정책과 의사결정과정에 반영될수 있을 것이다. 교사가 교육의 미래에 대한 공적 토론과 대화에 전면적으로 참여하는 것은 물론, 아동·청소년·학부모·연구자·활동가·고용주·문화계와 종교계 지도자 등 모두가 교육의 미래 건설에 참여해야 한다. 이 모든 것을 가능하게 하는 구조와 과정이 협력적 교육거버넌스이다.

2. 국가교육회의 백서

국가교육회의는 국가교육위원회 설치에 앞서 미래교육 공론화를 추진하였다. 여기에는 교육거버넌스 관련 공론화도 포함되어 있다.

1기 국가교육회의는 서구 선진국 모델을 수입가공해 위에서 아래로 내려보내는 식의 중앙집권적 정책 입안 시행 시스템이 아니라 다양한 쌍방향 소통과 밑으로부터의 사회적 합의를 통해 교육정책을 형성하기 위한 새로운 교육거버넌스가 필요하다고 하였다(국가교육회의, 2018, 85-86). 국가교육위원회는 교육 자치·분권의 실현을 위해 다양한 주체와 기관들의 역동성을 끌어낼 수 있는 최적의 거버넌스를 만들고, 큰 틀에서 비전과 방향을 공유하며 각 기관과 주체들의 자율성을 보장해야 한다고 하였다. 또 국가교육위원회는 단순히 몇 개의 부처 협의체 구성 수준을 넘어서 중앙부처, 교육청, 시도교육감협의회, 시·도지사협의회, 기초자치단체장, 교원단체, 교육단체, 시민사회 등이 새로운 교육생태계를 중심으로 총체적 거버넌스를 구축해야 한다고 하였다.

2기 국가교육회의는 '교육자치 분권과 교육거버넌스'의 중점 정책과제로 ① '교육주권 실현을 위한 교육자치'와 ② '마을교육공동체와 주민 교육자치'를 제시하고, '마을교육공동체와 주민 교육자치'를 위한 세부 과제로 '주민 교육자치를 위한 거버넌스 체제 마련', '지역교육을 위한 주민자치 실체화'를 제시하였다. 주민 교육자치를 위한 거버넌스 체계 구축을 위한 방안으로 '① 마을교육공동체 구축과 운영에 관한 주요 의사결정을 위한 민·관 협의체 구성, ② 마을교육공동체에 대한 체계적인 지원과 운영을 위한 중간지원조직 구축, ③ 지역사회 교육과 주민자치의 결합을 위한 주민교육자치체 구성'을 제안하였다(국가교육회의, 2019, 214-216).

3기 국가교육회의는 지역사회 교육거버넌스 발전 방안으로 ① 교육거버넌스 참여를 위한 ^(가칭) 주민협력플랫폼 구축, ② 지역사회 교육거버넌스 설치·운영, ③ 중간지원조직 설치·운영을 위한 법령 개선, ④ 교육거버넌스체계 내 학교와의 연계 강화를 제시하였다(국가교육회의, 2021, 181-184).

앞서 살펴본 바와 같이 국가교육회의는 미래교육체제 수립을 위해 국가수준 거버넌스인 국가교육위원회의 설립을 제안하고, 생활권 수준의 거버넌스와 중간 지원 조직을 통해 교육자치 분권을 실현하는 전략을 제시하였다. 하지만 국가교육위원회-교육부-시도교육청의 역할 재구조화와 같은 수직적 역할 분담을 제시하는 수준이어서 광역수준 교육거버넌스에 관해서는 깊이 있는 공론화가 이루어지지 않았다고 할 수 있다.

3장

거버넌스
운영 실태 분석

1절 민관협치 활성화 실태 분석

거버넌스 논의와 실천은 지방자치단체부터 시작되었고, 교육
자치와 지방자치가 분리된 우리나라 지방자치제도로 말미암아
교육거버넌스 논의 수준과 실천은 지방자치단체 거버넌스를
넘어설 수 없었다. 따라서 교육거버넌스의 실태와 개선방안을
논의하기에 앞서 지방자치단체 거버넌스부터 살펴보고자 한다.

거버넌스 논의가 1990년대 중반부터 시작되었지만, 실제 지
방자치단체가 조례 제정을 통해 거버넌스를 실현하고자 한 것
은 최근이었다. 2016년에 민관협치 활성화 기본조례를 맨 처음
제정한 광역 지방자치단체는 서울특별시였고,[7] 기초 지방자치
단체는 도봉구였다. 2023년 4월 현재, 거버넌스 정착과 활성화
를 위해 민관협치 활성화 기본조례를 제정한 광역 지방자치단
체는 9개, 기초 지방자치단체는 38개이다. 가장 많은 기초자치
단체가 관련 조례를 제정한 광역 지방자치단체는 25개 구 중에
서 24개 구가 조례를 제정한 서울특별시이다([표 3-1]). 민관협치

---

[7] '서울특별시 민관협치 활성화를 위한 기본 조례'는 '서울특별시 시민민주주의 기본 조
례'(서울특별시조례 제7129호, 2019. 5. 16.) 제정에 따라 폐지되었고, 이 조례는 다시 '서울
특별시 시민참여 기본 조례'(서울특별시조례 제8540호, 2022. 12. 30.) 제정에 따라 폐지되
었다.

활성화 기본조례를 제정한 광역 지방자치단체는 전체의 53%이고, 기초 지방자치단체는 전체의 17%이다. 지방자치단체 거버넌스는 광역수준에서 더욱 활발하게 이루어졌다고 할 수 있다.

광역 지방자치단체의 민관협치 활성화 기본조례를 보면, 민관협치는 '사회문제를 해결하고 지속가능한 사회 또는 주민의 삶

[표 3-1] 지방자치단체 민관협치 활성화 조례 현황(2023년 4월 현재)

연도	광역	기초	
		단체명	계
2016	서울특별시	• 서울특별시 : 도봉구	1
2017	경기도	• 서울특별시 : 강서구, 금천구, 동대문구, 서대문구, 성동구, 영등포구, 은평구	7
2018	충청남도	• 강원도 : 양구군 • 경기도 : 광명시 • 서울특별시 : 강동구, 노원구, 동작구, 성북구, 종로구	7
2019	부산광역시 인천광역시	• 경기도 : 양평군, 용인시 • 서울특별시 : 강북구, 구로구, 마포구, 송파구, 양천구, 용산구, 중랑구	9
2020	광주광역시	• 경기도 : 의정부시, 파주시, 하남시 • 서울특별시 : 중구	4
2021	울산광역시 제주특별 자치도	• 경기도 : 성남시 • 광주광역시 : 광산구 • 부산광역시 : 부산진구, 북구, 연제구 • 서울특별시 : 강남구, 관악구 • 인천광역시 : 미추홀구, 서구	9
2022	경상남도	• 인천광역시 : 연수구	1
계	9	서울 24, 경기 6, 부산 3, 인천 3, 강원 1, 광주 1	38

의 질 향상을 위해 민간과 자치단체가 함께 정책을 결정·집행· 평가하는 시정^{도정} 운영방식과 체계'를 말한다. 즉 민관협치는 민 간이 지방자치단체와 함께 정책과정 전반에 참여하는 민관거버 넌스를 말한다. 정책의 집행과 평가 과정뿐만 아니라 정책결정 과정에서도 참여 기회를 열어놓고 있다는 데 의미가 있다.

아울러 조례는 민관협치 활성화의 3대 기본원칙을 다음과 같 이 제시한다.[8]

(1) 민관협치는 참여자들의 자발성과 수평적 협력관계에 기 초하여 이루어지도록 한다.[9]

(2) 모든 참여자는 민관협치의 과정 자체가 중요한 가치임을 인식한다.[10]

(3) 민관협치의 모든 과정은 민간과 도^시의 상호신뢰를 바탕 으로 한다.[11]

광역 지방자치단체는 조례에 근거해 민관협치를 위한 협의

---

[8] 제주특별자치도 조례는 "민관협치의 과정과 그 결과는 투명하게 공개되어야 한다."라는 원칙을 추가해 투명성을 강조한다.

[9] 광주광역시 조례는 "민관협치는 참여자들의 자율성, 중립성, 다양성에 기반을 두고 상호 이해와 존중을 통해 수평적 협력관계에 기반하여 이루어지도록 한다."라고 규정해 자발 성 대신에 자율성, 중립성, 다양성, 상호이해와 존중 등을 추가한다. 인천광역시 조례는 "민관협치는 참여 주체 간 자발성과 수평적 협력관계에 기반하여 다양한 형태로 이루어 지도록 한다."라고 규정해 다양한 실현 형태를 강조한다.

[10] 광주광역시 조례는 "민관협치는 대의제 민주주의의 한계를 극복하기 위해 시민들의 참 여를 보장하는 것으로 모든 참여자들은 과정 자체가 중요한 가치임을 인식한다."라고 규 정해 민관협치가 대의제 민주주의 한계를 극복하기 위해 시민참여를 보장하는 장치임을 분명히 한다.

[11] 인천광역시 조례는 "민관협치의 모든 과정은 참여 주체 간 상호신뢰를 바탕으로 공익적 가치를 실현하는 데에 목표를 둔다."라고 규정해 공익적 가치 실현 목표를 강조한다.

기구를 두고 있는데, 이름은 저마다 다르다([표 3-2]). 위원으로는
시민단체·직능단체·공공기관·대학 등의 추천인, 시도의원, 공

[표 3-2] 광역 지방자치단체 민관협치 활성화 추진체계

구분	추진체계
서울특별시	• 서울협치협의회 : 25명 이내, 분과위원회, 서울협치추진단 • 민관협치 활성화 기본계획(3년)과 연도별 실행계획
경기도	• 경기도 민관협치위원회 : 30명 이내, 운영위원회, 분과위원회 • 민관협치 활성화 기본계획(4년)과 연도별 실행계획
충청남도	• 충남민관협치회의 : 30명 이내, 운영위원회 • 민관협치 활성화 기본계획(5년)과 연도별 실행계획 • 민관협치 활성화 공간 설치·운영
부산광역시	• 부산시민협치협의회 : 30명 이내, 분과위원회, 협치추진단 • 민관협치 활성화 기본계획(3년)과 연도별 실행계획
인천광역시	• 인천민관동행위원회 : 40명 이내, 운영위원회, 분과위원회 • 민관협치 활성화 기본계획(3년)과 연도별 실행계획
광주광역시	• 광주광역시 민관협치협의회 : 50명 이내, 운영위원회, 분과위원회, 실무기구 • 민관협치 활성화 기본계획(3년)과 연도별 실행계획
울산광역시	• 울산민관협치회의 : 30명 이내, 운영위원회, 공론화위원회, 분과위원회 • 민관협치 활성화 기본계획(3년)과 연도별 실행계획 • 민관협치지원센터 설치·운영 • 민관협치 공간 설치·운영
제주특별자치도	• 제주특별자치도 민관협치위원회 : 20명 이내 • 민관협치 활성화 기본계획(5년)과 연도별 실행계획
경상남도	• 경상남도 민관협치위원회 : 30명 이내 • 민관협치 활성화 기본계획(4년)과 연도별 실행계획 • 지역 문제해결 플랫폼(도·도민·공공기관 협의체) 설치·운영 • 소통협력공간 조성·운영

미래교육과 거버넌스

모로 선발한 시도 주민 등이 참여하였다.[12] 민관협치 활성화 기본계획_{시도마다 3, 4, 5년으로 계획 기간이 다름}과 연도별 실행계획을 수립하며, 대체로 운영을 위해 운영위원회와 분과위원회를 구성하였다. 정기회의는 연 2회 또는 4회 열었고, 울산광역시는 민관협치지원센터를 설치·운영하였고, 충청남도·울산광역시·경상남도는 민관협치 활성화를 위한 공간을 설치·운영하였다.

기초 지방자치단체의 민관협치 활성화 조례에 따른 추진체계는 광역수준의 추진체계와 크게 다르지 않다.

서울특별시는 시민참여 활성화 체계가 서울협치협의회_{2016. 9.~2019.5.}, 서울민주주의위원회_{2019.5.~2022.12.}, 서울특별시 시민참여위원회_{2023.1.~}로 바뀌어 왔다([표 3-3]). 하지만 이 같은 변화를 거버넌스의 발전과정이라고 보기 어렵다. 서울민주주의위원회는 서울협치협의회와 달리 시민단체·직능단체의 추천 위촉위원이 없고, 대신에 구청장협의회의 추천인, 예산·협치·혁신 등 소관 실·본부·국장 또는 기획관 등을 위촉위원으로 추가함으로써 관·관 협치기구의 성격이 강했다. 다만 서울민주주의위원회는 시민민주주의 계획, 민관협치 관련 사항, 서울특별시 위원회 운영계획, 마을공동체 계획, 시민참여·숙의 예산제 운영계획 등으로 심의 조정사항을 확대하였다. 한편 서울특별시 시민참여위원회는 기존 심의·조정에서 심의·자문으로 시민참여의

---

[12] 서울특별시는 자치구(기초)의 추천인, 협치자문관(시장이 위촉한 민간 전문가)도 위원으로 위촉하였다.

[표 3-3] 서울특별시 민관협치 변화과정

구분	추진 체계
서울 협치 협의회	• 근거 : 서울특별시 민관협치 활성화를 위한 기본조례 (2016.9.29. 　제정, 2019.5.16. 타법 폐지) • 민관협치 : 사회문제 해결을 위해 민간과 서울특별시가 공동으로 　정책을 결정하고 집행·평가하는 시정 운영 방식과 체계 • 민관협치 활성화 3대 기본원칙 • 기능(심의·조정) : 민관협치 활성화정책의 수립·시행, 민관협치 활 　성화에 필요한 제도 개선 등 • 25명 이내(임기 2년) • 의장(시장), 부의장(행정1부시장, 호선 위촉위원) • 위촉위원 : 시민단체·직능단체의 추천인, 자치구의 추천인, 시의회 　추천 시의원, 협치자문관 등 • 정기회의 연 4회 • 분과위원회, 서울협치추진단 • 민관협치 활성화 기본계획(3년)과 연도별 실행계획
서울 민주주의 위원회	• 근거 : 서울특별시 시민민주주의 기본조례 (2019.5.16. 제정, 　2022.12.30. 타법 폐지) • 시민민주주의 : 시민이 서울특별시 정책과 관련된 시의 의사결정 　과정에 자발적으로 참여하는 시정 운영 체계 • 민관협치 : 시와 시민이 정책의 입안·시행·평가 과정에서 의견을 공 　유하거나 협의하는 등 공동으로 정책을 결정하는 방식 • 시민민주주의 3대 기본원칙(민관협치활성화 3대 기본원칙과 같음) • 기능(심의·조정) : 시민민주주의 계획, 민관협치 관련 사항, 서울특 　별시 위원회 운영계획, 마을공동체 계획, 시민참여·숙의 예산제 운 　영계획, 위원회 운영 관련 사항 • 25명 이내(임기 2년) • 위원장(임명 또는 위촉 위원) • 위촉위원 : 시의회 추천 시의원 3명 이내, 구청장협의회의 추천인 　2명 이내, 예산·협치·혁신 등 소관 실·본부·국장 또는 기획관 등 • 정기회의 월 1회 • 분과위원회 • 시민민주주의 활성화 기본계획(4년)과 연도별 실행계획

구분	추진 체계
서울 특별시 시민참여 위원회	• 근거 : 서울특별시 시민참여 기본조례 (2022.12.30. 서울특별시 주민참여 기본 조례를 전부 개정) • 시민참여 : 시의 의사형성 단계에서부터 집행하는 단계까지 시민의 의사를 반영하고 시와 시민이 협력하는 것 • 시민참여의 기본이념 : 시민의 풍부한 사회경험과 창조적 활동을 통하여 누구든지 평등하게 시정에 참여할 권리를 가지고, 시와 시민이 협력하여 시민의 권익과 삶의 질 향상에 동등하게 노력하는 것 • 기능(심의·자문) : 시민참여 기본계획과 분야별 정책의 수립·시행·평가, 시민참여 관련 법령과 제도의 연구·제정·수립·정비과 정책 제안, 시민참여 정책 관련 사업의 조정과 협력 등 • 15명 이내(임기 2년) • 의장(시장), 부의장(행정1부시장, 호선 위촉위원) • 위촉위원 : 시민참여 전문가, 시의회 추천 시의원 2명 이내 등 • 정기회의 연 2회 • 시민참여 기본계획(4년)과 연도별 실행계획 • 공청회·토론회, 시민의견조사, 시민제안제도 운영

권한을 축소하고 정기회의를 월 1회에서 연 2회로 줄여서 참여적 거버넌스에서 계층제 거버넌스로 퇴행하였다고 할 수 있다.

광주광역시는 유일하게 '광주광역시 복지협치 기본 조례'(광주광역시조례 제5057호, 2018.3.1.)를 제정해 사회복지 분야에도 협치를 구현하고자 하였다. 조례의 목적은 "사회복지 분야의 의제 발굴 및 정책 입안, 예산 수립 및 시행, 정책평가 및 반영 등 복지정책의 모든 과정에서 공공성을 강화하기 위해 복지협치 활성화에 필요한 사항을 규정함으로써 시민의 자치 실현과 삶의 질 향상에 이바지함"이고, 복지협치를 "시민과 광주광역시, 광주광역시의회가 사회복지 분야의 정책, 예산, 조례 제정·개정 및 제도 개선, 복지혁신 및 실천방안 등의 입안·시행·평가 과정에서 의견을 공유하거나 협의하는 등 공동으로 사안을 결정하고 추진하는 방식과 체계"로 정의하였다. 시장은 복지협치를 위해 전문적이고 다양한 의견을 수렴·조정하는 복지협치위원회를 위원장 3명을 포함한 100명 이내의 위원으로 구성하도록 하였다. 복지협치의 기본원칙, 복지협치 기본계획 수립 등의 사항은 민관협치 활성화 기본조례와 크게 다르지 않다.

2절 교육거버넌스 운영 실태 분석

교육거버넌스는 국가 수준에서는 국가교육회의와 국가교육위원회가 설치되었고, 광역 지방자치단체 수준에서는 경기도·광주광역시·인천광역시·충청북도·전라북도 등 5개 시도교육청에서 설치되었으며, 기초 지방자치단체 수준에서는 혁신교육지구 중심으로 교육거버넌스가 이루어졌다.

1. 국가교육거버넌스

국가교육회의

국가교육위원회 설치는 2002년 대통령 선거부터 꾸준히 공약으로 제시되었으며, 2017년 제19대 대통령 선거 때는 모든 정당 후보가 국가교육위원회 설치를 공약으로 내세웠다. 문재인 정부는 공약이었던 국가교육위원회 설치를 국정과제로 제시하고, 대통령 직속 자문기구인 국가교육회의를 통해 국가교육위원회 설치를 추진하였다(국가교육회의, 2020, 100-101).

국가교육회의는 '국가교육회의 설치 및 운영에 관한 규정'(대통령령 제28285호, 2017.9.12.)에 따라 설치되었다. 국가교육회의는 ① 교육혁신, 학술진흥, 인적자원 개발과 인재 양성과 관련한 중장기 국가계획과 주요정책, ② 그 추진성과 점검과 정책 조율, ③ 교육재정의 확보 방안과 교육복지 확대 방안, ④ 교육기회의 균등한 보장을 위한 지원과 제도, ⑤ 학생의 소질과 적성 개발과 민주시민 양성을 위한 학교교육의 혁신, ⑥ 국가경쟁력 제고와 고등교육의 공공성 확대를 위한 고등교육의 혁신, ⑦ 국가와 지방자치단체 간의 교육·학예에 관한 사무 분배 조정과 협력, ⑧ 일자리 관련 문제 해소와 일자리 창출 지원을 위한 직업교육 확대 등, ⑨ 인문·소양 교육의 확대와 평생교육 기회의 균등한 제공 등 평생교육 활성화, ⑩ 특수교육대상자의 사회참여 역량 강화를 위한 특수교육 지원 확대 등, ⑪ 4차 산업혁명과 미래사회에 대비한 교육혁신 등, ⑫ 학교를 중심으로 하는 학교와 지역사회 간 협력과 산학연 협력 등, ⑬ 국가교육 관리체제 개편과 관련한 조사, 연구와 제도 개선 등을 심의·조정하였다. 이처럼 국가교육회의는 교육정책 전반에 관해 심의·조정하였는데, ⑦항과 ⑫항과 ⑬항은 교육거버넌스 관련 사항이라고 할 수 있다. 국가교육회의는 총 4기에 걸쳐 활동하였다.1기 2017.12.12.~2018.12.11.; 2기 2018.12.19.~2019.12.18.; 3기 2020.2.14.~2021.2.13.; 4기 2021.2.14.~2022.2.13.

국가교육회의는 의장 1명 포함 21명 이내의 위원으로 구성하며, 당연직 위원은 기획재정부 장관, 교육부 장관, 보건복지부 장관, 고용노동부 장관, 여성가족부 장관, 대통령비서실 사회수석비서관, 전국시도교육감협의회 회장, 한국대학교육협의회 회장, 한국전문대학교육협의회 회장이고, 위촉직 위원^{임기 1년}은 교육혁신, 학술진흥, 인적자원 개발과 인재 양성 등에 관해 전문지식이나 경험이 풍부한 사람으로 위촉하였다.

소관 업무를 전문적으로 수행하는 데 필요한 전문위원회, 소관 업무 중 특정 현안을 논의하는 데 필요한 특별위원회, 소관 업무를 전문적으로 검토하거나 이해관계자 등의 의견을 수렴하는 데 필요한 자문단, 국가교육회의의 회의 운영 지원 등 사무를 처리하기 위한 기획단을 두었다. 이에 따라 국가교육회의는 산하 기구를 [표 3-4]와 같이 구성·운영하였다(국가교육회의, 2018; 국가교육회의, 2019; 국가교육회의 2021; 국가교육회의, 2022).

[표 3-4] 국가교육회의 산하 기구

구분	산하 기구
1기	• 전문위원회 : 유초중등학교 전문위원회, 고등교육 전문위원회, 미래(평생, 직업 등)교육 전문위원회 • 특별위원회 : 교육비전 특별위원회
2기	• 전문위원회 : 유초중등학교 전문위원회, 고등교육 전문위원회, 평생·직업교육 전문위원회 • 특별위원회 : 교육비전 특별위원회
3~4기	• 전문위원회 : 중장기교육전문위원회, 고등·직업교육개혁 전문위원회, 국가교육위원회 설치지원 전문위원회 • 특별위원회 : 지역사회협력 특별위원회, 청년 특별위원회, 디지털교육 특별위원회 • 국민참여단

3~4기 국가교육회의는 지역사회협력특별위원회를 설치해 2030 미래교육체제를 위한 지역사회 협력 네트워크를 구축하고 국가교육위원회 출범 이후 국민 참여 체제의 토대가 될 지역별, 교육주체별 거버넌스 활동을 조직하고자 하였다. 이를 위해 지역사회협력특별위원회는 학교공동체소위원회, 지역교육공동체소위원회, 미래교육거버넌스소위원회 등 3개 소위원회로 활동하였다([표 3-5]).

국가교육회의는 국민참여단을 설치하였는데, 이는 교육체제의 전환기 속에서 교육정책이 사회적 합의를 통해 안정되고 일관되게 수립·추진될 수 있도록 각계각층의 의견을 수렴하고 국민이 직접 참여해 소통하는 협의구조를 만들어 국가교육위원회 설치와 더불어 갖추어야 할 국민 참여 정책형성시스템의 원형을 구축하고자 함이었다.

2020년 1기 국민참여단은 7천여 명으로 구성돼 지역별·교육주체별 토론회와 참여단 투표 등을 거쳐 '2020 국민 참여 10대 미래교육 의제'를 [표 3-6]과 같이 선정하였다(국가교육회의, 2021, 90).

[표 3-5] 지역사회협력특별위원회 소위원회

구분	역할
학교 공동체	학교의 변화 방향과 과제에 관한 사회적 협의(협약) 추진, 현장 기반 정책과제와 실천 사례를 바탕으로 정책의제화
지역교육 공동체	주민교육자치를 위한 생태계 조성, 사회적 협의, 실천 사례 의제화
미래교육 거버넌스	미래교육 생태계 조성, 미래형 교육협치 모델 제시, 사회적 협약 모델 제시,

[표 3-6] 2020 국민 참여 10대 미래교육 의제와 미래교육체제 수립을 위한 주요 의제

국민 참여 미래교육 의제	미래교육체제 수립을 위한 주요 의제
1. 개인별·지역별 교육 불평등 극복을 위한 포용적 교육체제 구축	1. 모든 시민의 학습권을 보장하는 평생학습체제 구축
2. IT 인프라·온오프라인 융합형 교수학습·데이터 기반 학교교육을 위한 디지털 기반 교육체제 구축	2. 디지털 전환과 한국 교육
3. 교육체제의 변화에 대응하여 교원의 역할을 재정립하기 위한 교원 양성·재교육시스템 구축과 인사제도 개선	3. 지역 변동과 학교교육체제 재구축
4. 민주시민·세계시민교육, 기후·환경·생태·문화예술·철학·인문학·역사교육 등 시대정신을 반영한 교육내용의 변화	4. 학습자 삶 중심의 학제 개편
5. 미래교육 환경 변화(코로나19, 학령인구 변화, 에듀테크 등)에 따른 수업과 학습공간 혁신과 지원체제 구축	5. 유아교육과 보육 공공성 강화와 질 제고
6. 저출산시대에 대비한 유아교육의 공공성 강화와 유아교육법 정비	6. 한국 고등교육체제 재구축 방향과 과제
7. 학생의 잠재능력을 평가하고 미래지향적 가치를 담을 수 있는 대학입시 제도의 개선	7. 지속가능한 교육혁신을 담보하는 교원양성과 재교육체제 개편
8. 국가적 돌봄 지원체제 정비	8. 공정하고 미래지향적인 대학입학전형제도
9. 국민의 생애학습권 보장을 위한 평생학습체제 구축	9. 초등학교 저학년 아동돌봄지원체제 확립
10. 주민자치, 일반자치, 교육자치가 함께 하는 긴밀한 협력과 협치체제 구축	10. 모든 학생의 행복한 성장을 위한 교육복지 실현

9천여 명으로 구성된 2021년 2기 국민참여단은 '2022 개정 교육과정' 논의에 참여해 의견을 제시했으며, 9월부터 교육청·자치단체·시민사회 등과 함께 18차례 온·오프라인 토론회에서 '국민 참여 10대 미래교육 의제'를 중심으로 지역의 교육 현실과 향후 실천방안에 대한 의견을 나눴다. 한편 2021년 12월 9일에는 '시민이 만드는 교육의 새로운 변화'를 주제로 2021 국민참여단 종합 토론회를 온라인으로 개최하였다.

국가교육회의는 중장기교육정책전문위원회를 중심으로 '2020 국민 참여 10대 미래교육 의제', 청년포럼 제안 10개 의제를 반영해서 '미래교육체제 수립을 위한 주요 의제' 10개를 [표 3-6]과 같이 선정하였다(국가교육회의, 2022, 121-131).

'2020 국민 참여 10대 미래교육 의제'는 교육거버넌스 의제로 '주민자치, 일반자치, 교육자치가 함께 하는 긴밀한 협력과 협치체제 구축'을 선정하였으나, '미래교육체제 수립을 위한 주요 의제' 10개에는 교육거버넌스 의제가 개별 의제로 선정되지 않고, 모든 시민의 학습권을 보장하는 평생학습체제 구축, 디지털 전환과 한국교육, 지역 변동과 학교교육체제 재구축, 학습자 삶 중심의 학제 개편, 공정하고 미래지향적인 대학입학 전형제도 등의 의제를 추진하는 방안으로 거버넌스 구축을 제시하고 있다.

국가교육위원회

국가교육위원회는 혁신적 교육 비전을 바탕으로 사회적 합의를 통해 미래교육 체제를 수립하는 교육 기구로서, 미래사회에 대비한 새로운 교육체제를 수립하는 과정에서 시민참여를 보장하고, 그 역할을 초정권적·초정파적이고 독립성·일관성 있게 추진해야 한다는 취지로 설립하고자 했다(국가교육회의, 2018, 143-145).

이를 위해 다음과 같이 국가 수준의 교육거버넌스이자 협력적 교육거버넌스를 구축하는 핵심 역할을 하도록 국가교육위원회를 설립해야 한다고 제시하였다.

(1) 국가교육위원회는 미래교육 비전을 바탕으로 중장기 교육의 총괄 계획을 수립하여야 한다.
(2) 국가교육위원회는 정권과 장관 교체로 말미암은 정책 변경과 교육정책에 대한 이념 논쟁과 갈등을 피하기 위해 교육의 독립성·중립성·일관성·지속성을 확보해야 한다.
(3) 국가교육위원회는 국가 주도가 아닌 사회적 합의를 바탕으로 교육정책을 수립하도록 한다.
(4) 국가교육위원회는 협력적 교육거버넌스를 구축하는 핵심 역할을 담당해야 한다.

이러한 취지에 따라 국가교육위원회는 '국가교육위원회 설치 및 운영에 관한 법률'(약칭: 국가교육위원회법, 법률 제18298호, 2021.7.20.)에 의해 '교육정책이 사회적 합의에 기반하여 안정적이고 일관되게 추진되도록 함으로써 교육의 자주성·전문성 및 정치적 중립성을 확보하고 교육 발전에 이바지함을 목적으로' 설치하였다.[13] 따라서 국가교육위원회는 전문가 중심 기구에서 벗어나 아래로부터 집단지성을 모아내고 사회적 합의를 이루는 기구로 운영해야 한다(김용, 2022, 9-10).

국가교육위원회는 ① 교육 비전, 중장기 정책 방향, 학제·교원정책·대학입학 정책·학급당 적정학생수 등 중장기 교육제도와 여건 개선 등에 관한 국가교육발전계획 수립에 관한 사항, ② 국가 교육과정의 기준과 내용의 고시 등에 관한 사항, ③ 교육정책에 대한 국민 의견수렴·조정 등에 관한 사항 등 세 가지 핵심기능을 담당한다.

국가교육위원회 위원은 ① 국회 추천 9명학생·청년 2명 이상, 학부모 2명 이상, 상임위원 2명 포함, ② 대통령 지명 5명상임위원 1명 포함, 교육

---

[13] 법률안의 제정 이유는 다음과 같다. "2002년부터 꾸준히 대선후보 공약으로 제시되면서 그동안 국가 수준의 교육개혁을 위한 전담기구가 필요하다는 국민적 공감대가 형성되어 왔고, 그 사이 4차 산업혁명으로 인한 지능정보사회 진전, 저출산·고령화로 인한 인구구조의 변화 등 급변하는 미래사회를 선도할 새로운 교육체제 마련을 더 이상 미룰 수 없는 상황임. 반면, 지금까지 우리나라 교육정책은 장기적 비전 없이 5년 임기 내 성과 창출을 위한 단기적 정책 추진으로 정책결정이 교육현장과 괴리되고 일관성이 미흡하다는 국민 여론이 60퍼센트에 이르고 있고(한국교육개발원 교육여론조사, '20.1.), 민주주의 성숙으로 시민참여 요구가 폭증하고 있는데 소수의 교육전문가와 관료 중심의 하향식 정책결정 방식으로는 사회적 갈등을 해소하는 데 한계가 있음. 이에 초정권적인 독립적 기구인 '국가교육위원회'를 설치하여 하향식 정책 추진이 아닌 사회적 합의를 통해 미래교육 비전을 제시하고 중장기적이고 안정적인 교육정책을 추진함으로써 교육의 자주성·전문성·정치적 중립성을 확보하고 교육 발전에 이바지하려는 것임."

부 차관, 교육감 협의체 대표자, 교원 관련 단체 추천 2명, 한국대학교육협의회 추천 1명과 한국전문대학교육협의회 추천 1명, 시도지사 협의체 추천 1명 등 21명으로 구성한다^{임기 3년}.

국가교육위원회는 법률 제정 이후 1년 동안 유예기간을 거쳐 2022년 9월 27일 공식 출범하였다. 이덕난 외에 따르면, 국가교육위원회 출범의 의미는 다음과 같다(이덕난 외, 2022, 4).

(1) 주요 교육정책을 결정할 때 사회적 합의와 중장기 발전계획 수립, 국민 의견수렴·조정 등을 중시하겠다는 의미이다.
(2) 교육의 3대 핵심 요소^{학생, 교사, 교육과정} 중 교육과정 기준을 정하는 권한을 교육부 장관에서 국가교육위원회로 이관하였다.
(3) 주요 교육정책 결정 과정에 국민이 직접 참여하고 의결권을 행사하는 것도 가능하게 하였다.
(4) 교육개혁과 국가교육발전계획 등에 대한 국회의 영향력과 책임이 커졌다.

이러한 의미를 살리기 위해서 국가교육위원회는 국가 수준의 기구이지만 중앙집권적 권한 강화를 꾀하려 하지 말고 교육 자치·분권을 추구하고, 교육 자치·분권의 실현을 위해 다양한 주체와 기관의 역동성을 끌어내는 최적의 거버넌스를 만들어야 한다(국가교육회의, 2018, 145). 또 학생·학부모·교원·시민의 참여를 통한 교육거버넌스 구축으로 새로운 교육생태계의 질서와

규칙을 만들어내야 한다. 수많은 교육 공공난제를 풀지 못하는 이유는 먼저 해소할 사회문제를 그대로 둔 채 교육 내부의 문제로 환원시켰기 때문이다. 교육정책이 독립적으로 존재할 수 없는 점을 전제하면, 국가교육위원회는 단순히 몇몇 부처와의 협의체 구성 수준을 넘어서 교육생태계 전반을 아우르는 거버넌스 구축을 위해 노력해야 한다. 즉 중앙부처, 교육청, 시도교육감협의회, 시도지사협의회, 기초자치단체장, 교원단체, 교육단체, 시민사회 등이 종횡으로 협의하면서 새로운 교육생태계를 중심으로 협력적 거버넌스를 구축해야 한다.

국가교육위원회는 국민참여위원회, 전문위원회, 특별위원회, 전문위원을 둘 수 있다(기능과 구성 등은 [표 3-7]). 국민참여위원회는 사회 각계의 의견을 폭넓게 수용하고 시민참여와 사회적 합의에 기반하여 그 소관 사무를 추진하기 위해서 설치한다. 전문위원회는 소관 사무에 관하여 실무적인 자문이나 심의·의결사항에 관한 사전검토 등을 위하여 설치할 수 있다. 특별위원회는 긴급하고 중요한 교육 의제를 심의·의결하기 위하여 사전검토 또는 자문 등이 필요한 경우 기한을 정해 설치할 수 있다. 전문위원은 소관 사무에 관한 전문적인 조사·연구 등을 수행하기 위하여 둘 수 있다.

국민참여위원회는 국가교육위원회가 국가교육발전계획을 수립하거나 교육정책에 대한 의견수렴 조정을 하는 과정 등에서 교육정책이나 의제와 관련한 국민의 의견이 필요한 경우 자문을 요청받아 해당 교육정책이나 의제에 대한 의견을 국가교육위원회에 전달한다. 이를 위해 연 1~2회 정도 국민참여위원회 전체회의를 개최할 계획이며, 필요한 경우에는 수시 회의를 통해 국민참여위원의 의견을 수렴할 예정이다. 교육정책과 의제 관련 설문조사, 토론과 논의 등 다양한 활동을 추진할 예정이며, 전체회의와 권역별 회의, 비대면 회의와 대면·비대면 병행 회의 등 효과적인 의견수렴을 위한 다양한 방식을 활용할 계획이다. 하지만 자문기구로 성격을 규정하였고, 공개모집을 통해 선정된 국

[표 3-7] 국가교육위원회 소속 위원회의 기능과 구성

구분	기 능	구 성	현황
국민 참여 위원회	법률 제10조에 따른 소관 사무를 추진하는 경우, 국민 의견 수렴과 관련된 자문 수행	• 위원장 포함 500명 이내 - 국민공모 등 3/5 이상 - 그 외, 시도(교육감) 추천	
전문 위원회	소관 사무의 실무적 자문, 심의·의결사항에 대한 사전검토 등	• 소관 사무별로 위원장 포함 21명 이내로 구성 • 교육과정은 45명 이내	• 중장기 국가교육발전 전문위원회 • 국가교육과정 전문위원회
특별 위원회	긴급하고 중요한 교육의제를 심의 및 의결하기 위한 사전검토 또는 자문 등	• 위원장 포함 21명 이내	• 대학입시제도 개편 특별위원회 • 지방대학 활성화 특별위원회 • 전인교육 특별위원회 • 직업·평생교육 특별위원회 • 미래과학 인재양성 특별위원회

자료: 국가교육위원회 설립준비단, 국가교육위원회 구성 및 운영의 현황과 과제 발표문, 국회입법조사처 전문가간담회, 2022.8.26.- 이덕난 외(2022)에서 재인용(일부 수정).

민 368명, 시도교육감과 시도지사가 추천한 131명으로 구성되어 협력적 교육거버넌스로 기능하기 어려울 것이다.

1기 국가교육위원회의 전문위원회는 '중장기 국가교육발전 전문위원회'와 '국가교육과정 전문위원회' 등 2개 위원회이고, 특별위원회는 '대학입시제도 개편 특별위원회', '지방대학 활성화 특별위원회', '전인교육 특별위원회', '직업·평생교육 특별위원회', '미래과학인재양성 특별위원회' 등 5개 위원회이다.

신현석은 국가교육위원회의 출범을 교육거버넌스의 진전이고 국가 중심의 계층제 거버넌스에서 협력적 거버넌스로 전환할 수 있는 계기라고 평가하였다. 하지만 거버넌스 본질의 이해, 가치, 작동과정에 관한 공유가 선행되지 않았기 때문에, 국가교육위원회를 교육거버넌스의 본질적 의미에서 벗어난 대표 사례라고 비판한다. 국가교육위원회가 중앙 수준의 교육거버넌스로서 주로 법제화를 통한 구조 중심의 편제에 몰입하였고, 국가교육위원회 업무 설정 과정에서 역할 논의를 배제한 채 기능적으로 접근하였고, 정치집단 간 이해충돌로 말미암아 소관 업무 범위를 최소화했기 때문이다(신현석, 2022, 6-7).

이덕난과 유지연도 현행 국가교육위원회의 법적·제도적 문제를 지적하며 다음과 같이 개선방안을 제시하였다(이덕난 외, 2022, 9-12).

(1) 국가 또는 교육부 장관 등이 개별 법률에 따라 기본^{종합}계획을 수립할 때에 국가교육위원회가 수립한 발전계획을 검토해 이를 반영하도록 국가교육위원회법을 개정하는 입법 방안을 검토할 필요가 있다.

(2) 국가교육위원회는 행정기관으로 설치되는 위원회이며, 소관 사무 업무량이 상당하고, 업무 범위와 교육적·사회적 영향의 확장성이 광범위하며, 집행 기능까지 가진 점 등을 고려할 때, 정원과 조직을 확충할 필요가 있다.

(3) 국가교육위원회는 국가의 교육사무 중 일부를 시도교육청의 자치사무로 이양하는 데 필요한 발전계획을 수립할 필요가 있다.

(4) 새 교육과정^{2022 개정 교육과정} 심의안에 대해 내실 있게 심의·의결하는 방안을 마련할 필요가 있다.

국가교육위원회는 10년마다 관계 중앙행정기관과 지방자치단체, 교육·연구기관과 교육 관련 기관·단체 등의 의견을 수렴해 국가교육발전계획을 수립해야 하고, 관계 중앙행정기관의 장과 지방자치단체의 장은 국가교육발전계획에 따라 연도별 시행계획을 수립·추진하고 그 실적을 매년 국가교육위원회에 보고해야 한다. 국가교육발전계획 수립과정에서 관련 중앙행정 기관과 지방자치단체 등의 의견을 수렴한다고 되어 있는데, 의견을 수렴하는 방식이 국가교육위원회가 교육거버넌스로 기능하는가 하지 않는가를 가르는 핵심 요소 중 하나일 것이다. 하지만 의견수렴 방식에 관해 명시하지 않고 국민참여위원회의 구성과 권한이 제안되어 있어서 교육부 주도의 하향식 교육정책 수립과 시행이 되풀이될 가능성이 크다.

2. 지역교육거버넌스

지역교육거버넌스를 통해 지역교육 행정체제의 문제를 해결하려는 노력이 있었지만, 지역교육행정의 현재 구도에서 일반행정과 교육행정 또는 일반자치와 교육자치의 협력 증대를 모색하는 수준이었다고 평가할 수 있다(신현석, 2011, 101).

광역 교육행정협의회

2006년 '지방교육자치에 관한 법률' 개정으로 지방교육행정협의회의 설치 조항(제41조)이 신설되면서[14] 광역 지방자치단체와 교육청은 관련 조례를 제정하고 '지방교육행정협의회'를 설치하였다(조례 제정 현황은 [표 3-8]). 법률과 시행령에 자세한 내용이 없어서 조례 제정 시기도 광역 지방자치단체마다 다르고, 그 기능 등 운영방식도 서로 다르다. 가장 먼저 2007년 조례를 제정한 광역 지방자치단체는 강원도·부산광역시·서울특별시·전라북도·제주특별자치도 등 5개이고, 충청남도와 충청북도는 2015년에야 조례를 제정하였다.

---

14 제41조(지방교육행정협의회의 설치) ① 지방자치단체의 교육·학예에 관한 사무를 효율적으로 처리하기 위하여 지방교육행정협의회를 둔다. ② 제1항의 규정에 따른 지방교육행정협의회의 구성·운영에 관하여 필요한 사항은 교육감과 시도지사가 협의하여 조례로 정한다.

각 광역 지방자치단체 조례에 따르면, 교육행정협의회의 기능협의·조정사항은 [표 3-9]와 같다. ① 학교 설립폐지·이설과 교육시

[표 3-8] 연도별 광역 교육행정협의회 조례 제정 현황

제정연도	조례수	조례 제정 현황
2007	5	강원도, 부산광역시, 서울특별시, 전라북도, 제주특별자치도
2008	2	경상남도, 경상북도
2010	3	광주광역시, 대전광역시, 울산광역시
2011	3	경기도, 인천광역시, 전라남도
2012	2	대구광역시, 세종특별자치시
2015	2	충청남도, 충청북도
합계	17	

[표 3-9] 광역 교육행정협의회의 기능

구분	기능(협의·조정 사항)
공통	• 학교 설립(폐지·이설)과 교육시설 확충 등 학교교육 여건 개선 • 학교 관련 도시기본계획 및 도시관리계획 등 도시개발계획 수립 • 교육 유해환경·시설의 개선 • 교육격차 해소 • 평생교육 • 지역 전략사업과 연계한 인력양성 • (우수) 인재 양성 • 교육사업 지원 • 과학·기술교육의 진흥 • 교육시설의 개방과 지원 • 공공도서관 설립과 운영
부분	• 학교 급식 여건의 개선 : 경기, 경북, 대구, 인천, 전남, 충북 • 관련 법률과 조례에 따른 법정 및 비법정 전출(전입)금 규모와 전출(전입) 시기 : 서울, 전남, 제주 • 직업교육 여건 개선 : 경기, 전남 • 학력 향상 / 교육복지 : 대구, 인천 • 재난·안전관리 : 경북, 서울 • 학교체육 진흥 / 직업·진로교육 진흥 : 제주 • 학교용지 확보와 경비 부담 : 경기 • 평생교육기관 설립과 운영 : 광주

설 확충 등 학교교육 여건 개선, ② 학교 관련 도시기본계획과 도시관리계획 등 도시개발계획 수립, ③ 교육 유해환경·시설의 개선, ④ 교육격차 해소, ⑤ 평생교육, ⑥ 지역 전략사업과 연계한 인력양성, ⑦ ^{우수} 인재 양성, ⑧ 교육사업 지원, ⑨ 과학·기술교육의 진흥, ⑩ 교육 시설의 개방과 지원, ⑪ 공공도서관 설립과 운영 등은 모든 시도 교육행정협의회의 공통 협의·조정 사항이다.

학교 급식 여건의 개선, 관련 법률과 조례에 따른 법정 및 비법정 전출^{전입}금 규모와 전출^{전입} 시기, 직업교육 여건 개선, 학력향상, 교육복지, 재난·안전관리, 학교체육 진흥, 직업·진로교육진흥, 학교용지 확보와 경비 부담, 평생교육기관 설립과 운영등은 일부 교육청만 협의·조정사항으로 정하고 있다.

정기회의는 대부분 연 1회이며,[15] 실무협의회를 둘 수 있다. 또한 교육지원청 교육장과 기초 지방자치단체장의 협의를 거쳐 지역교육행정협의회를 둘 수 있다. 하지만 지역교육행정협의회는 교육지원청과 군·구의 관할 지역이 서로 일치하지 않고, 교육지원청의 교육장은 임명직이고 기초 지방자치단체장은 선출직이라서 권한의 범위가 서로 다르다는 한계를 가지고 있다.

이처럼 10개 이상의 협의·조정 사항을 위한 교육행정협의회가 연 1회 정기회의를 개최하도록 규정하고 있어서 교육 전반의 긴밀한 협의와 조정은 물론 민간 참여가 실질적으로 이루어지기 어렵다.

---

[15] 경기도는 수시, 부산광역시와 서울특별시는 연 2회 정기회의를 열도록 규정하고 있다.

광역 지방자치단체 교육행정협의회는 교육감과 광역지방자치단체장이 공동의장이며, 교육청과 시도의 담당 국장, 시도의원, 교육 관련 기관 단체의 장이나 교육전문가로 구성한다위촉위원 임기 2년. 경상남도, 부산광역시, 서울특별시, 울산광역시, 인천광역시, 전라북도, 제주특별자치도 등 7개 시도는 민간 위촉위원 관련 규정이 없어서 관관 협력기구의 성격이 뚜렷하다.

주목할 사례는 지방교육자치에 관한 법률을 근거로 설치한 교육행정협의회를 지역교육거버넌스로 활용하고자 했던 경기도와 광주광역시이다.

경기도교육행정협의회는 민간위촉위원이 없지만 경기교육정책의 기획·집행에 대한 자문·심의 기구로 경기교육주민참여협의회를 구성하였다. 이에 관해서는 4장 광역수준 교육거버넌스 운영 사례 분석에서 광역수준 교육거버넌스 사례로 따로 분석하고자 한다.

광주광역시 교육행정협의회는 조례 개정2015.5.15.을 통해 '관내 각급 학교의 장과 동장은 상호 협력하여 그 관할 구역 내의 교육·학예에 관한 사무 등을 효율적으로 처리하고, 마을교육공동체를 구축하기 위하여' 광주광역시 마을교육행정협의회를 설치하도록 하였다(신설 11조). 마을교육행정협의회는 관할 경찰지구대장, 소방관서장, 청소년 관련 단체장지회, 분회 포함, 은행 등 금융기관장 등으로 구성하며, 마을교육행정협의회의 구성·운영 등에 대해 필요한 사항은 학교장과 관할 동장이 협의해 정하도록 하고 있다. 이는 기존 법령과 제도를 근거로 생활권 수준의 교육거버넌스를 시도한 사례라고 할 수 있다.

시도교육청 자문위원회, 교육거버넌스

2023년 4월 현재, 17개 시도교육청 중 12개 교육청이 자문위원회 또는 교육거버넌스를 두고 있다([표 3-10]). 교육거버넌스를 구성한 교육청은 4개 교육청으로 광주광역시, 인천광역시, 전라북도, 경기도 교육청이다. 충청북도교육청은 거버넌스를 설치했다가 보수 성향의 교육감 취임 이후 다시 자문기구로 바꾸었다.

조례 제정 순으로 살펴보면, 경기도교육청은 관련 조례를 제정하지 않고 2014년 12월 31일 '경기도교육행정협의회 설치·운영 조례'를 전부 개정하고 이를 근거로 경기교육주민참여협의회와 지역교육주민참여협의회를 설치함으로써 교육거버넌스를 구축하고자 하였다. 광주교육시민참여단은 2019년 3월 1일 조례를 제정하고 7월 4일 1기 참여단을 구성하였다. 인천광역시 미래교육위원회는 2019년 7월 15일 조례를 제정하고 11월 16일 1기 위원회를 구성하였다. 전라북도 교육거버넌스위원회는 2020년 9월 1일 조례를 제정하고, 9월 2일 1기 위원회를 구성하였다.

충청북도교육청 미래교육협치위원회는 2020년 5월 15일 '충청북도교육청 미래교육협치위원회 설치 및 운영에 관한 조례'

를 제정하고 2020년 12월 16일 위원회를 구성하였는데, 보수 성향의 18대 윤건영 교육감[2022.7.1.~]은 이 조례를 '충청북도교육

[표 3-10] 시도교육청 자문위원회, 거버넌스 구성 현황

(설립순, 2023년 4월 현재)

구분	설치 근거	위원수	정기회
강원	강원교육발전자문위원회 조례(2002.7.12.)	20명 이내	미명시
광주	광주교육발전자문위원회 규정(2009.3.31.)	25명 이내	연 2회
경남	경상남도교육정책협의회 운영 규칙(2010.9.1.)	25명 이내	연 2회
대구	대구미래교육정책자문위원회 구성 및 운영에 관한 규정(2013.8.1.)	100명 이내	연 1회
경기	경기도교육행정협의회 설치·운영 조례 (2014.12.31. 전부 개정)	100명 이내	연 1회
충남	충청남도미래교육자문위원회 운영 조례 (2016.5.30.)	20명 이내	연 2회
서울	서울특별시교육청 정책자문위원회 설치·운영 조례(2017.1.17.)	15명 이내	연 2회
대전	대전광역시교육청 교육정책자문위원회 조례 (2017.4.28.)	15명 이내	필요시
광주	광주광역시교육청 교육협치 활성화 조례 (2019.3.1.)	30명 이내	연 2회
전남	전라남도교육참여위원회 설치 및 운영 조례 (2019.4.4.)[16]	30명 이내	연 2회
인천	인천광역시 미래교육위원회 설치 및 운영에 관한 조례(2019.7.15.)	70명 이내	연 2회
전북	전라북도 교육거버넌스 구축 및 활성화에 관한 조례(2020.9.1.)	40명 이내	연 2회
충북	충청북도교육청 교육정책자문위원회 설치 및 운영에 관한 조례(2023.2.3.)	20명 이내	연 2회

[16] 전라남도교육청은 2023년 2월 16일 이 조례를 '전라남도 민관산학 교육협력위원회 설치 및 운영 조례'로 전부 개정하였다. 이는 기존 전라남도교육참여위원회를 새롭게 확대·개편해 도내 민·관·산·학 등과의 협치를 통해 전남교육 발전을 도모하고 상생의 교육자치를 실현하기 위해 전라남도 민관산학 교육협력위원회로 변경해 설치·운영하기 위해서이다. 이 조례는 2023년 7월 1일부터 시행할 예정이라, 분석 대상에서 제외하였다.

청 교육정책자문위원회 설치 및 운영에 관한 조례'로 전부 개정함으로써 자문기구로 변경하였다.

광주광역시, 인천광역시, 전라북도 등 3개 교육청은 관련 조례를 근거로 교육거버넌스를 구성하였다. 법령의 근거 없이 이같은 조례를 제정할 수 있는 것은 헌법 제117조 제1항, 지방자치법 제9조 제1항, 제22조에 근거한다.

헌법 제117조 제1항 : '지방자치단체는 주민의 복리에 관한 사무를 처리하고 재산을 관리하며, 법령의 범위 안에서 자치에 관한 규정을 제정할 수 있다.'

지방자치법 제9조 제1항 : '지방자치단체는 그 관할 구역의 자치사무와 법령에 따라 지방자치단체에 속하는 사무를 처리한다.'

지방자치법 제22조 : '지방자치단체는 법령의 범위 안에서 주민의 권리 제한 또는 의무 부과에 관한 사항이나 벌칙이 아닌 한, 그 사무에 한하여 조례를 제정할 수 있다.'

9개 시도교육청은 자문기구를 두고 있다. 광주광역시교육청은 자문위원회광주교육발전자문위원회와 교육거버넌스광주시민교육참여단를 모두 두고 있다.

서울특별시교육청 정책자문위원회에는 서울교육발전 자문

위원회, 교육복지정책 자문위원회, 학부모지원정책 자문위원회, 환경·생태교육 자문위원회, 민주시민교육 자문위원회, 노동인권교육 자문위원회, 다문화교육 자문위원회 등 14개 분야별 위원회가 있고, 각 위원회는 위원장과 부위원장 포함 15명 이내의 위원으로 구성하였다. 기능은 해당 분야에 관한 기본방향과 계획 수립, 해당 분야에 관한 제도 개선, 해당 분야에 관한 사항 점검과 평가 등이다. 가장 포괄적인 교육정책을 다루는 자문기구라 할 수 있는 서울교육발전자문위원회는 특정 의제를 다루는 다른 자문위원회와 달리 위원 수가 30명 내외로 다른 위원회의 2배이다.

설치 근거로 보면, 훈령을 근거로 구성한 대구미래교육정책 자문위원회, 광주교육발전자문위원회를 빼고는 모두 조례를 근거로 설치한 위원회이다.

혁신교육지구

현행 교육에 대한 법적 책무성은 교육감에 의한 '교육과 학예에 관한 사항'과 기초자치단체장에 의한 '보육, 학교 교육 지원, 청소년, 평생교육'으로 구분되고, 교육자치는 오랫동안 일반자치와 독립분리되어 이루어져 왔다. 교육감 중심의 광역수준 교육자치에서는 생활권 교육 자치성이 보장되기 어려우며, 일반행정과의 연계성이 부족해 지원체계의 분절과 경쟁, 자원 낭비 등의 난점이 커지고 있다. 이런 맥락에서 교육청 중심의 교육자치는 한 지역사회에서 완결된 교육 행정지원체제를 이루지 못해서 많은 어려움을 낳고 있다(양병찬, 2020, 5). 이를 극복하기 위한 대안으로 교육청과 기초자치단체의 협력을 통한 혁신교육지구, 교육부의 미래형 교육자치 협력지구 시범사업이 추진되었다.

혁신교육지구는 학령인구의 감소 등 환경 변화에 대응해 교육력을 높이고 지역사회를 발전시키고자 2011년 경기도의 6개 지구광명, 구리, 시흥, 안양, 오산, 의정부에서 시작해서 현재 전국으로 확산·운영되고 있다. 혁신교육지구는 초기에는 혁신학교에 대한 행정·재정 지원이 주된 목적이었으나, 이후 전국으로 확산 시행하면서 교육청과 지방자치단체의 협력적 교육거버넌스를 바탕으로 지속가능한 마을교육공동체 구축과 운영을 목적으로 하였다(김나영, 2020).

2020년 2월 현재, 전국 17개 시도 중 제주도를 뺀 16개 시도에서 혁신교육지구를 추진하며, 227개 기초자치단체 중 167개 73.6%가 혁신교육지구로 지정되었다([표 3-11]). 이름은 혁신교육지구, 행복교육지구 등 지방자치단체별로 다르다. 이 가운데 65개 기초지방정부는 혁신교육지방정부협의회를 구성하고(2023년 4월 현재), ① 일반자치지자체와 교육자치교육청 간 협업을 통한 지역교육 혁신, ② 학교와 지역사회 협력으로 마을교육공동체 활성화, ③ 중앙교육부과 지방 간 협업을 통한 지방분권과 권한 이양 촉진, ④ 지방정부 단위에서 각자 추진하던 혁신 성과를 공유하며 교육계와도 소통하는 새로운 정책의 창 역할 수행 등을 위해 노력하고 있다.

김용련은 교육청이 제안하고 지방자치단체가 혁신교육지구를 주도하는 상황에서 협력적 교육거버넌스가 좀 더 강화될 필요가 있다고 지적한다. 지방자치단체의 의지와 참여에 따라 사

[표 3-11] 전국 혁신교육지구 현황(2020년 2월 현재, 도입연도 순)

지역	이 름	도입연도	지정현황		
			전체	지정	%
경기	혁신교육지구	2011	31	30	96.8
서울	서울형혁신교육지구	2013	25	25	100.0
전남	전남혁신교육지구	2013	22	22	100.0
세종	행복교육지구	2015	1	1	100.0
인천	교육혁신지구	2015	10	7	70.0
전북	혁신교육특구	2015	14	6	42.9
광주	마을교육공동체	2016	5	5	100.0
강원	행복교육지구	2016	18	12	66.7
충북	행복교육지구	2017	11	11	100.0
충남	행복교육지구	2017	15	14	93.3
경남	행복교육지구	2017	18	9	50.0
대전	(나래이음)혁신교육지구	2018	5	5	100.0
부산	다행복교육지구	2018	16	7	43.8
대구	대구미래교육지구	2020	8	6	75.0
울산	서로나눔교육지구	2020	5	2	40.0
경북	경북미래교육지구	2020	23	5	21.7
	전체		227	167	73.6

출처 : 김나영(2020)을 재구성

업 성과가 좌우되기 때문에, 교육청과 지방자치단체의 협력적 교육거버넌스 구축이 혁신교육지구의 성패를 좌우한다. 결국, 교육자치와 일반자치의 통합이라는 정치 이슈가 생기겠지만, 현재로서는 협력적 교육거버넌스를 어떻게 구축, 강화할 것인지가 중요하다는 주장이다(김용련, 2020, 9-10).

혁신교육지구의 문제점을 종합적으로 해결하고, 지역교육생태계를 혁신적으로 구축하기 위해 2020년 교육부는 혁신교육지구의 심화 모델을 개발하는 '미래형 교육자치 협력지구'미래교육지구 사업을 시작하였다. '미래형 교육자치 협력지구'를 통해 다양한 연계성 사업을 진행하고 통합지원체제 구축과 체계적 성과관리를 통해 지역주민이 생애주기별로 마을과 학교로부터 맞춤형 지원을 받을 것으로 기대하고 있다.

교육부는 '교육청과 지방자치단체가 지속가능한 협력체제를 구축해 초등 돌봄 등 주민수요에 바탕으로 둔 다양한 교육사업을 민관학이 공동 추진하도록 지원하는 공모사업'인 미래교육지구의 2020년 사업공모를 통해 11개 협력지구를 선정하였다.

미래형 교육자치 협력지구의 주요 사업내용은 크게 세 가지로, ① 거버넌스 구축공동협력센터 구축과 중간조직으로 마을교육자치분과 설치, ② 지구 내 학교 혁신학교의 교원 인사, 교육과정 혁신 선도, ③ 지역 특성에 맞는 다양한 심화 특색사업 개발이다.

거버넌스 구축에서는 공동협력센터가 지자체-교육청, 학교-마을을 잇고 다양한 사업과 자원을 통합 관리·지원하는 허브 역할을 한다. 특히 중간조직 역할 강화를 위해 행정안전부와 협조해 읍면동 단위 주민자치회 내 마을교육자치분과를 확대해

나가고, 그 대표자가 참여하는 혁신교육협의회가 실제적 운영 위원회 역할을 해나가도록 할 예정이다.

2020년 11개 지구로 시작한 미래교육지구 사업은 2021년 22개, 2022년과 2023년 33개로 늘어났다([표 3-12]). 이는 교육지원청-기초 지방자치단체의 공동협력센터 설립 등 기초단위 민관협력거버넌스 강화에 이바지하였지만, 초·중학교 중심으로 교육지원이 이루어져 지구 내 고등학생을 위한 혜택은 다소 미흡했다는 평가도 있다.

경기도와 인천광역시 사례를 중심으로 혁신교육지구마을교육공동체의 교육거버넌스 운영 실태를 살펴보고자 한다.

경기도

이재정 경기도교육감은 교육장이 관할지역 내 교육 관련 사

[표 3-12] 미래교육지구 현황(2023년 현재)

구분	서울	부산	대구	인천	광주	울산	세종
선정지역	구로 서대문	금정 동구 사상 사하 영도 진구	남구 서구	계양 연수	광산	중구	세종

구분	경기	강원	충북	충남	전남	경북	경남
선정지역	고양 시흥 안양 오산 화성	춘천	제천 청주	논산 당진 공주	강진 구례 곡성 순천 영암	의성	고성

항을 효율적으로 처리하고, 지역교육공동체를 구축하기 위하여 경기도교육행정협의회 산하에 지역교육주민참여협의회를 설치하며, 그 구성·운영 등에 필요한 사항은 교육장과 시장·군수가 협의하여 정하도록 하였다.

이재정 경기도교육감은 재선 후 '경기도 지역혁신교육포럼 설치 및 운영 조례'(경기도조례 제6351호, 2019.10.1.)를 제정해 지역교육 현안을 해결하기 위한 교육지원청 교육장과 시장·군수, 시·군의회 의장 등이 참여하는 지역혁신교육포럼을 새로 구성하면서 지역교육주민참여협의회를 폐지하고 지역혁신교육포럼으로 통합 운영하였다.[17]

조례에 따르면, 경기도 지역혁신교육포럼은 '경기혁신교육을 바탕으로 지역교육 현안의 정책과제 도출과 발전방안을 논의하며, 교육자치를 구현하기 위한 협의체'이다. 그 기능은 ① 혁신교육 기반 지역교육의 인간상 수립, ② 지역교육 중장기 추진과제 도출, ③ 지역교육현안 해결을 위한 정책과제 논의와 제안, ④ 학생의 행복한 배움을 위한 교육혁신을 실현하는 것이다.

경기도 지역혁신교육포럼은 50명 이상의 위원으로 구성하며, 교육지원청 교육장, 시장·군수, 시군의회 의장이 공동위원장이고, ① 시군의회 의원, ② 경기도의회 의원, ③ 학부모단체 소속, ④ 시민사회단체·비영리민간단체 소속, ⑤ 시군 담당업무 과장, ⑥ 교육지원청 담당업무 과장, ⑦ 학계 또는 교육계 종사자, ⑧ 장애인·다문화 관련 교육전문가, ⑨ 기타 지역사회 인사

---

17 경기도의회 의안정보 ; 경기도교육행정협의회 설치·운영 조례 일부개정조례안 https://www.ggc.go.kr/site/agendaif/app/agndsrchList/DetailView/5725

를 위원으로 위촉하였다.

위촉직 위원의 임기는 2년이며, 정기회의는 분기 1회로 하고, 기획위원회와 분야별 분과위원회, 간사를 두었다. 기획위원회는 혁신교육포럼의 운영형태나 방법 등을 기획·홍보하며 분과위원회 회의를 주관하였다. 각 분과위원회는 혁신교육포럼에서 논의된 현안의 세부계획을 협의하였다. 간사는 해당 업무 담당 사무관 또는 장학관으로 임명하였다.

이상 기능과 구성에서 볼 때, 경기도지역혁신교육포럼은 기초수준의 교육거버넌스를 구축하고자 하였다고 할 수 있다.

인천광역시

도성훈 인천광역시교육감은 '인천마을교육공동체 활성화 지원에 관한 조례'(인천광역시조례 제6201호, 2019.7.15.)를 제정하고, 이를 근거로 인천마을교육공동체 추진위원회를 설치하였다.

조례는 마을교육공동체 활성화의 기본원칙을 다음과 같이 제시하였다.

(1) 마을교육공동체는 학교와 마을의 교육역량을 강화한다.
(2) 마을교육공동체는 공동체 구성원이 자발적으로 참여한다.
(3) 마을교육공동체는 마을 특성과 문화 다양성을 존중한다.
(4) 마을교육공동체는 주민과 행정기관의 상호신뢰와 협력을 통하여 추진한다.
(5) 마을교육공동체는 공동체 구성원의 이익에 기여하고 다

른 마을교육공동체와의 조화로운 발전을 통해 지속가능한 교육생태계를 구축하도록 노력한다.

위원회는 ① 마을교육공동체 기본계획의 수립·변경, ② 교육청·지자체·지역대학·비영리법인·단체 등의 연계·협력, ③ 마을교육공동체 활성화 사업의 점검·평가, ④ 마을교육공동체 지원센터 운영 등을 심의하며, 20명 이내의 위원으로 구성하였다. 위원장은 부교육감·부시장·민간대표로 구성하며, 민간대표는 위원 중에서 호선하였다. 당연직 위원은 인천광역시교육청의 부교육감·교육역량지원국장·마을교육공동체사업 담당 부서장, 인천광역시의 부시장·시 마을공동체사업 담당 부서장, 아동·청소년사업 담당 부서장이다. 위촉직 위원은 시의회 추천 시의원, 교육·시민사회단체 추천 마을교육공동체 활동가와 교육·시민단체 대표, 학생, 교육·시민·학부모단체 추천 학부모, 교육에 관한 경험과 식견이 풍부한 시민, 교육감 추천 교육자 등으로 구성하였다. 위원회가 위임한 사항과 구체적으로 실무 업무에 대하여 조정하고 기획하는 기구로 실무협의회를 두도록 하였다.

교육감은 마을교육공동체 활성화 지원 기본계획을 5년마다 수립·시행해야 하고, 마을교육공동체 활성화를 위하여 ① 인천마을교육공동체 민·관·학 거버넌스 운영, ② 교육혁신지구 지정·운영, ③ 인천마을학교 운영, ④ 학부모 교육 참여 활성화, ⑤ 교육협동조합 운영 등의 사업을 추진할 수 있다.

기초 지방자치단체 수준에서는 남동구, 계양구, 미추홀구, 부평구, 서구, 연수구, 중구 등 7개 기초 지방자치단체가 교육혁신지구 관련 조례를 제정해, 기초 수준의 마을교육공동체 관련 거버넌스인 교육혁신운영위원회^{또는 지역교육혁신협의회, 교육혁신지구운영협의회}를 운영하고 있다.

생활권역 수준에서는 우리마을교육자치회를 설치 운영하고 있다. '우리마을교육자치회'는 동洞 관내 학교장, 교사, 학부모, 주민자치회, 행정복지센터장 등이 참여하는 생활권 수준인 동단위 교육거버넌스이다. 인천광역시교육청 마을교육지원단 마을교육공동체팀은 2020년 마을교육자치회 설명회를 하면서 공론화를 시작했고, 2023년 5월 7일 현재 계양구 효성1동과 효성2동, 연수구 선학동과 송도4동, 부평구 부평1동, 강화군 양도면, 중구 운서동, 서구 청라2동 등 8개 면·동에 마을교육자치회가 구성되었다. 인천광역시 읍면동의 숫자가 155개인 점을 생각하면 이제 걸음마를 떼었다고 할 수 있다(김태정, 2023, 76-81).

이처럼 인천광역시는 광역수준 조례와 기초수준 조례를 통해 마을교육공동체^{교육혁신지구} 관련 교육거버넌스를 구축하고 있고, 생활권수준의 교육거버넌스를 구축하기 시작하였다. 별도 조례를 근거로 광역, 기초, 생활권 수준의 교육거버넌스를 구축해나가고 있지만, 교류와 협력을 통해 균형적 교육거버넌스를 구축해나가고 있다고 평가할 수 있다.

교육복지 민관협력

교육복지 전반의 민관협력기구를 설치한 광역 지방자치단체는 서울특별시뿐이고, 부산광역시는 교육격차 해소를 위한 민관협력 기구를 설치하였다. 기초 지방자치단체 수준의 교육복지 민관협력위원회는 부천시에서만 설치되었다.

서울특별시는 '서울특별시 교육·복지 민관협의회 설치 및 운영에 관한 조례'(서울특별시조례 제5303호, 2012.5.22.)를 제정하였고, 서울특별시교육청은 '서울특별시교육청 교육복지 민관협력 활성화 조례'(서울특별시조례 제5771호, 2014.12.30.)를 제정하였다. 두 조례를 비교하면 [표 3-13]과 같다.

서울특별시 교육·복지 민관협의회는 시장, 교육감, 시의회장이 공동의장이고 구청장협의회장과 구의회협의회장이 당연직 위원으로 참여하는 관·관 협의기구이다. 서울특별시교육청 조례는 교육복지 개념을 규정하면서 그 대상을 학생으로 한정하는 반면, 서울특별시 조례는 취학 전 아동, 학교 밖 청소년, 평생교육 희망자 등으로 적용 대상이 넓다.

서울특별시 조례는 광역수준의 교육복지종합지원센터 관련 사항을 규정하고, 지역협의회를 둘 수 있다고 규정한다. 서울특별시교육청 조례는 교육지원청 또는 기초 지방자치단체 수준의 지역교육복지센터, 교육복지협력사업선정위원회 관련 사항을 규정하고 있다.

부산광역시는 '부산광역시 교육격차 해소를 위한 민관협력 활성화 지원 조례'(부산광역시조례 제5629호, 2017.8.9.)를 제정하고 민관협의회를 구성하였다.

교육격차 해소를 위한 민관협력 사업의 기본원칙은 다음과 같다.

[표 3-13] 서울특별시와 서울특별시교육청의 교육복지 관련 조례 비교

구분	서울특별시 조례	서울특별시교육청 조례
교육 복지 정의	취학 전 아동, 초중등학생, 학교 밖 청소년, 평생교육 희망자 등에 대한 교육 기회의 공정한 제공, 교육과정의 형평성 제고, 교육수준의 질적 향상 등을 위해 교육과 관련된 종합적 복지체계를 구축하고 지원하는 것	모든 학생에게 일정한 교육을 받을 기회를 제공하며, 개인과 사회경제적 요인에 의한 교육 소외·부적응 현상을 해소해 모든 학생이 각자의 교육적 요구에 맞는 교육을 받음으로써 잠재능력을 최대한 계발할 수 있도록 제반 사항에 대해 지원하는 것
기구	서울특별시 교육·복지 민관협의회 - 기능 ① 학생과 아동·청소년의 건강한 발달을 위한 교육·복지 관련 주요한 민관협력사항 ② 정책협의회 협의사항 추인 ③ 정책협의회 안건의 조정 - 20명 이내, 정기회의 연 1회 - 공동의장 : 시장, 교육감, 시의회장 - 당연직 : 구청장협의회장, 구의회 협의회장 - 정책협의회 : 40명 이내, 분기 1회 이상 - 지역협의회 - 교육·복지종합지원센터 설치·위탁	지역교육복지센터 - 교육지원청 또는 자치구 단위로 운영 - 민간 위탁 : 3년 이내, 2회 가능 - 운영위원회 : 7명 이내, 학교·자치구·교육지원청 추천인 교육복지협력사업선정위원회 - 교육지원청별 구성 - 8명 이하, 2년 임기 - 교육복지 담당 직원, 구청장 추천인, 각급 학교장, 교육복지전문가 등

⑴ 교육여건 취약지역 학교를 중심으로 청소년의 올바른 성장을 위한 교육지원청과 기초자치단체, 민간단체 간 교육협력에 중점을 두어야 한다.

⑵ 부산광역시, 부산광역시교육청, 기초자치단체, 대학, 시민단체 등을 총괄하는 민관학 거버넌스를 추진한다.

⑶ 자발적 참여를 기반으로 하며, 교육여건이 어려운 학교와 그 지역사회의 문화적 여건과 특성을 존중하여 운영한다.

따라서 부산광역시 교육격차 해소를 위한 민관협의회는 교육격차 해소를 위한 관관협력을 넘어 민관협력을 지향한다고 평가할 수 있다.

민관협의회는 15명 이내로 구성하되, 부산시 교육 관련 담당과장, 교육청의 교육격차 해소 업무 담당 과장, 소관 군·구와 교육지원청의 의제 관련 담당과장을 당연직 위원으로 하고, 부산광역시의회 추천인, 마을교육공동체 전문가, 부산지역 대학교협의회 추천인, 구청장·군수협의회 추천인, 전·현직 교원단체 추천인, 시민단체 활동가, 지역주민 등을 위원으로 위촉하였다.

민관협의회는 정기회의를 연 2회 열며, ① 교육환경 취약지역의 교육지원을 위한 민·관 협력 사항, ② 교육격차 해소사업 시범지구와 선도학교 지정, ③ 교육지원과 협력을 위한 시·교육청·자치구군·대학의 역할 분담, ④ 교육환경이 상대적으로 열악한 지역과 학교 지원사업, ⑤ 대학생과 퇴직 교원 등을 활용한 멘토링사업, ⑥ 학생의 창의적 역량 강화를 위한 지역자원 활용 등의 사항을 협의하였다.

기초 지방자치단체 수준에서는 유일하게 부천시가 '부천시 교육복지 민관협력 활성화 조례'(경기도부천시조례 제3570호, 2020.7.13.)를 제정해 교육복지 민관협력위원회를 설치하고, 부천시 아동·청소년이 차별 없이 교육복지 혜택을 받을 권리를 보장하고, 교육 취약계층 개개인의 여건에 맞는 맞춤형 교육복지 지원을 위한 민관협력을 활성화하고자 하였다.

부천시 교육복지민관협력위원회 위원은 15명 이내로 하되, 임기 2년 위원장은 부시장이 되고 부위원장은 위원 중에서 호선하였다. 교육복지사업 관련 담당 과장을 당연직 위원으로 하고, 부천교육지원청 공무원·부천시의회 추천 시의원·사업학교 학교장 또는 담당자·학부모와 아동·청소년 교육·사회복지 등 분야 전문가 등을 위원으로 위촉하였다.

부천시 교육복지민관협력위원회는 ① 지원계획의 수립·변경, ② 사업 운영과 평가, ③ 관계기관 간 네트워크와 지역사회 협력체계 구축 등의 사항을 심의·자문하였다.

교육복지정책의 대표사업인 교육복지우선지원사업과 관련해서 17개 시도교육청 중 7개 시도교육청이 사업 관련 조례를 제정하였다. 그런데 서울특별시교육청과 광주광역시교육청은 교육복지협의회 관련 조항이 없고, 전라남도교육청은 광역수준이 아닌 교육지원청 수준에서 지역교육복지협의회를 구성하도록 하고 있어서, 결국에는 경기도, 대전광역시, 부산광역시, 인천광역시, 전라남도 등 5개 시도교육청만 조례에 근거해 광역 수준의 교육복지협의회를 구성하고 있다(최웅, 2023, 87-91).

이상 살펴본 바와 같이 광역수준은 물론 기초수준의 교육복지거버넌스는 아직 활성화되지 않았고 공론화도 활발하게 이루어지지 않고 있는 실정이다.

4장

광역수준 교육거버넌스
운영 사례 분석

현재 광역수준 교육거버넌스를 설치한 시도교육청은 경기도, 광주광역시, 인천광역시, 전라북도 등 4개 교육청이다. 지금은 교육정책자문위원회라는 자문기구로 변경한 미래교육협치위원회를 설치했던 충청북도교육청까지 포함하면 총 5개 교육청이 광역수준 교육거버넌스를 추진하였다([표 4-1]).

　광주광역시, 인천광역시, 충청북도, 전라북도 등 4개 교육청은 관련 조례를 제정하고 그 근거로 교육거버넌스를 설치하였다. 경기도교육청은 관련 조례를 제정하지 않고, 2014년 12월 31일 '경기도교육행정협의회 설치·운영 조례' 개정을 통해 경기도교육행정협의회 산하에 경기교육주민참여협의회와 지역교육주민참여협의회를 설치함으로써 교육거버넌스를 구축하고자 하였다.

　2019년 3월 1일 조례를 제정한 광주교육시민참여단은 1기 참

[표 4-1] 시도교육청 광역수준 교육거버넌스 현황(설립순)

이 름	근거 조례	제·개정일
경기교육 주민참여협의회	경기도교육행정협의회 설치·운영 조례	2014.12.31.
광주교육 시민참여단	광주광역시교육청 교육협치 활성화 조례	2019.3.1.
인천광역시 미래교육위원회	인천광역시 미래교육위원회 설치 및 운영에 관한 조례	2019.7.15.
충청북도교육청 미래교육협치위원회	충청북도교육청 미래교육협치위원회 설치 및 운영에 관한 조례	2020.5.15.
전라북도 교육거버넌스위원회	전라북도 교육거버넌스 구축 및 활성화에 관한 조례	2020.9.1.

여단을 7월 4일 구성하였다. 2019년 7월 15일 조례를 제정한 인천광역시 미래교육위원회는 1기 위원회를 11월 16일 구성하였다. 2020년 5월 15일 조례를 제정한 충청북도교육청 미래교육협치위원회는 위원회를 12월 16일 구성하였다. 2020년 9월 1일 조례를 제정한 전라북도 교육거버넌스위원회는 1기 위원회를 9월 2일 구성하였다. 경기도를 뺀 4개 교육청이 2018년 제7회 지방선거에서 대전, 대구, 경북을 제외한 모든 지역에서 진보성향의 교육감이 당선된 뒤 2019년과 2020년에 교육거버넌스를 구축하였다.

경기도, 광주광역시, 인천광역시, 충청북도, 전라북도 등 5개 교육청의 교육거버넌스 운영 사례를 ① 설치 과정과 위상, ② 조직 구조와 운영, ③ 의제 설정을 기준으로 분석함으로써 광역 수준 교육거버넌스 모델 개발을 위한 기초자료로 삼고자 한다.

1절 설치 과정과 위상

1. 경기도

진보성향의 김상곤 15대 경기도교육감[2010.7.1.~2014.3.1.]은 '경기도교육자치협의회 설치 및 운영 조례'(경기도조례 제4183호, 2011.4.7.)에 근거해 교육감 소속 자문기구인 경기도교육자치협의회를 설치하였다.[18]

이는 경기도교육감이 주요정책을 수립·추진하면서 주민과 지역사회의 다양한 의견을 수렴해 내실 있는 교육자치를 구현하고자 함이었고, 협의회의 권한은 ① 경기교육의 기본방향과 계획 수립, ② 제도 개선 등에 대한 자문과 협의였다. 협의회는 경기교육 관련 여론을 수렴하고, 경기교육 발전에 필요한 사항을 교육감에게 제안할 수 있고, 교육감은 협의회의 자문과 협의 결과를 경기교육 정책에 반영할 수 있도록 규정하였다. 협의회

---

[18] 협의회는 120명 이내의 위원으로 ① 경기도민과 경기도 학부모, ② 학계·교육계 종사자, ③ 시민단체가 추천한 사람으로 구성하였다. 임기는 2년이며, 위원 중 선출하는 대표와 부대표 임기는 1년이었다. 정기회의는 연 2회이고, 5개 이하의 산하 위원회, 간사 2명(업무 담당 사무관 또는 장학관, 대표가 지명한 위원)을 둘 수 있다. 경기도교육자치협의회는 비상설인 특별위원회와 운영위원회, 정책자문위원회, 교육복지위원회, 지역위원회 등 5개 분과로 구성되었다(경기도교육청, 2018, 30).

의 제안사항 반영이 의무사항은 아니었다.

이처럼 경기도교육자치협의회를 자문과 협의 권한만을 가진 자문기구로 설치한 것은 2011년 당시에는 아직 교육거버넌스에 관한 공론화가 이루어지지 않았기 때문이다.

김상곤 교육감에 이어 16대 경기도교육감^{2014.7.1.~2018.6.30.}에 취임한 진보성향의 이재정 교육감은 교육거버넌스 관련 법령이 없는 현실에서 지방교육자치법이 광역 지방자치단체 수준에 설치하도록 규정한 교육행정협의회를 통해 교육거버넌스를 실현하고자 하였다.

이를 위해 '경기도교육행정협의회 설치·운영 조례'^(경기도조례 제4141호, 2011.1.11.)를 2014년 12월 31일 전부 개정하였다^(경기도조례 제4815호). 조례 전부 개정의 이유는 다음과 같다.

(1) 도교육청·도청·기초지방자치단체 간 상생과 협력을 더욱 공고히 하고, 도민의 여론 수렴과 직접 참여를 통한 교육·학예 사무를 효율적으로 처리하기 위해 경기도교육행정 협의회 조직과 기능을 일부 조정해 운영 실효성을 강화하고, 경기교육주민참여협의회를 신설한다.

(2) 교육지원청에도 지역교육주민참여협의회를 구성해 지역교육 현안 등을 논의·추진하고 지역교육거버넌스를 구축한다.

조례 본문에는 거버넌스 용어를 사용하지 않지만, 조례 전부 개정 이유에 도교육청·도청·기초지방자치단체 간 상생과 협력을 더욱 공고히 하고, 도민의 여론 수렴과 직접 참여를 통한 교육거버넌스를 구축하기 위해 조례를 전부 개정하였음을 분명히 함으로써 교육거버넌스 개념을 최초로 조례에 반영해 교육거버넌스 관련 공론화를 본격화하였다.

조례 심의과정에서 경기도교육청은 경기도교육자치협의회와 기존 경기도교육행정협의회가 조례에 근거하고 있음에도 실질적 성과가 전혀 없었고, 경기도교육자치협의회가 교육감 중심으로 단독 구성된 한계가 있어서 실질적 역할을 하지 못했다고 하며, 조례안이 개정되면 실질적인 거버넌스 쪽으로 진전될 것이라는 기대를 언급하였다. 기존 경기도교육자치협의회와 설치 목적, 기능, 활동 등이 중복되는 점이 지적되었는데, 활동 중인 경기도교육자치협의회 위원 임기 종료2015.12.31. 뒤 통폐합하고자 한다고 설명하였다(경기도교육청, 2018, 30).

개정 조례에 따라, 경기도교육행정협의회는 효율적 운영을 위해 대표협의회와 실무협의회로 두는 것과 동시에, 경기교육정책의 기획과 집행에 관한 자문·심의기구로 경기교육주민참여협의회를 신설하였다.

이처럼 이재정 교육감은 경기도청과 경기도교육청 간의 협의기구인 경기도교육행정협의회 산하에 민관거버넌스인 경기교육주민참여협의회를 설치함으로써 광역수준의 교육거버넌스를 실현하고자 하는 한편, 교육지원청에도 지역교육주민참여협의회를 설치하도록 함으로써 균형적 교육거버넌스를 구축하고자 하였다.

교육거버넌스 관련 법령이 없는 현실에서 다른 목적으로 제정한 기존 법률을 근거로 했기 때문에 협의·조정 권한을 가진 경기도교육행정협의회 산하에 자문·심의 권한을 가진 경기교육주민참여협의회를 설치해 교육거버넌스를 제대로 실현하는 데 한계가 있지만, 교육청 단독형 교육거버넌스인 경기도교육자치협의회을 발전시켜 도청과 기초 지방자치단체를 교육거버넌스에 참여시켰다는 점에서 의미 있는 방식이었다.

2. 광주광역시

15대 안순일 광주광역시교육감^{2006.11.7.~2010.11.6.}은 '광주교육발전자문위원회 규정'^(광주광역시교육훈령 제100호, 2009.3.31.)을 근거로 광주교육발전자문위원회를 설치하였다.

광주교육발전자문위원회는 자문기구 성격이고, 설치 근거도 조례나 규칙이 아닌 교육훈령이었다.[19] 위원은 ① 학계 또는 교육계, ② 학교운영위원회 위원장 중 추천인, ③ 교직단체 추천

---

[19] 자치법규는 조례, 규칙, 훈령으로 구분한다. 조례는 헌법 제117조 제1항과 지방자치법 제22조에 규정된 바에 따라 지방자치단체가 법령의 범위 안에서 그 사무에 관하여 지방의회의 의결로써 제정하는 자치법규이며, 자치조례와 위임조례로 구분한다. 자치조례는 지방자치단체가 대한민국헌법 제117조 제1항과 지방자치법 제22조에 직접 근거하여 제정하는 조례이며, 위임조례는 법률 또는 대통령령, 부령 등 법령에서 직접 위임을 받아 제정하는 조례이다. 규칙은 헌법 제117조 제1항과 지방자치법 제23조에 따라 지방자치단체의 장이 법령 또는 조례가 위임한 범위 안에서 그 권한에 속하는 사무에 관하여 규정하는 자치법규이다. 조례와 규칙의 차이는 지방의회 의결 여부이다. 훈령은 상급관청이 하급관청(보조기관 포함)에 대하여 장기간에 걸쳐 그 권한의 행사를 일반적으로 지시하기 위한 명령이다(인천광역시교육청, 2020, 1).

인, ④ 학부모 또는 지역사회 인사 등으로 구성하였고, 기능은 ① 광주교육 발전의 기본방향·계획 수립, ② 광주교육의 주요 교육시책과 현안, ③ 광주교육에 대한 각계의 건의, ④ 기타 교육시책·교육발전에 관한 사항에 관한 자문이었다.

전교조 출신 진보성향의 20대 장휘국 광주광역시교육감[2018. 7.1.~ 2022.6.30.]은 '광주광역시교육청 교육협치 활성화 조례'[광주광역시조례 제5164호, 2019.3.1.)를 근거로 광주교육시민참여단을 구성하였다([표 4-2]).

'광주광역시교육청 교육협치 활성화 조례'는 교육거버넌스 대신 '교육협치' 용어를 사용하는데, 교육협치를 '지방교육자치를 위해 시민과 광주광역시교육청이 공동으로 교육정책을 결정하고 집행·평가하는 운영방식 및 체계'라고 정의함으로써 교육거버넌스를 지향함을 분명히 하였다.

[표 4-2] 광주교육발전자문위원회와 광주시민교육참여단의 위상 비교

구분	광주교육발전자문위원회	광주시민교육참여단
근거	광주교육발전자문위원회 규정(훈령)	광주광역시교육청 교육협치 활성화 조례
목적	광주광역시교육감의 광주교육정책에 관한 자문	시민과 지역사회의 교육정책 참여를 통한 교육협치 활성화
기능	다음 사항에 대한 자문 1. 광주교육 발전의 기본방향·계획 수립 2. 광주교육의 주요 교육시책과 현안 3. 광주교육에 대한 각계의 건의 4. 기타 교육시책·교육발전에 관한 사항	다음 사항에 대한 심의·조정 1. 교육협치 활성화 정책의 수립·시행 2. 교육협치 활성화를 위하여 필요한 제도 개선 3. 기타 교육협치 활성화를 위해 필요한 사항

교육협치의 세 가지 기본원칙을 다음과 같이 제시하였는데, 이는 앞서 살펴본 민관협치 활성화 기본원칙과 같다.

(1) 교육협치는 참여자들의 자발성과 수평적 협력관계에 기반하여 이루어지도록 한다.
(2) 모든 참여자들은 교육협치 과정 자체가 중요한 가치임을 인식하고 교육협치에 참여한다.
(3) 교육협치의 모든 과정은 시민과 교육청의 상호신뢰를 바탕으로 한다.

조례는 교육협치 활성화를 위한 시민의 권리와 의무를 다음과 같이 규정하였다(4조).

(1) 시민은 누구나 교육청의 정책결정·집행·평가 과정에 참여할 권리를 가진다.
(2) 시민은 정책과정 참여에 대한 책임과 역할을 인식하고, 공익적 가치의 실현을 위해 노력하여야 한다.

교육협치 활성화를 위한 교육감의 책무는 다음과 같다(5조).

(1) 광주광역시교육감은 교육협치 활성화를 위하여 정책을 수립·시행하여야 하며, 지속가능한 교육협치 환경 조성을 위해 노력하여야 한다.
(2) 교육감은 시민의 교육정책 수립과정 참여를 확대하고, 참

여자들의 교육협치 역량을 향상시키기 위해 노력하여야
한다.

이를 위해 교육감은 교육정책 과정에서의 시민 의견 반영과
참여 확대를 위해 ① 교육협치 활성화 정책의 기본방향, ② 교육
협치 분야별 정책목표와 추진계획, ③ 운영계획 실행을 위한 재
원 조달 방안, ④ 그 밖에 교육협치 활성화를 위한 주요 사항 등
포함한 교육협치 활성화 운영계획을 3년마다 수립해야 한다.

광주광역시 교육거버넌스는 광주교육시민참여단이며, 그 기
능은 ① 교육협치 활성화 정책의 수립·시행, ② 교육협치 활성
화를 위하여 필요한 제도 개선, ③ 그 밖에 교육협치 활성화를
위해 필요한 사항에 관한 심의·조정이었다. 이는 교육 분야로
특화하였을 뿐 민간협치기구의 기능과 같다. 광주교육시민참여
단은 교육정책에 대한 평가와 공론화 절차를 통해 이루어진 사
회적 합의사항을 교육감에게 권고할 수 있고, 교육감은 실행을
위해 노력해야 한다고 규정하였다.

이상 살펴본 바와 같이 광주시민교육참여단은 민간협치 활
성화 기본조례에 따른 민간협치기구를 참조하여 설치되었다.
광주광역시의 특이점은 자문기구인 광주교육발전자문위원회
와 교육거버넌스인 광주교육시민참여단을 동시에 운영한다는
점이다.

3. 인천광역시

인천광역시에서 최초 진보성향 교육감으로 당선된 제19대 이청연 인천광역시교육감2014.7.1.~2017.12.7.은 민관협치를 통한 교육행정의 민주화를 위해 '인천교육자치협의회 설치·운영 조례안'을 발의하였다.

조례 발의안에 따르면, 주요정책의 수립과 추진과정에서 인천시민의 다양한 의견을 수렴하고 교육정책을 효율 있게 추진하기 위해 인천교육자치협의회를 설치하고자 하였다. 인천교육자치협의회는 인천교육의 기본방향과 계획 수립, 교육제도 개선 등에 관해 자문·협의하고정기회 연 2회 여론을 수렴해 교육감에게 제안하도록 하였다. 인천 시민과 학부모, 학교·교육계 종사자, 교육단체와 시민단체 추천인 등 50명 이내 위원으로 구성하며임기 2년, 6개 이하로 소위원회를 구성할 수 있도록 하였다.

보수당이 다수당이었던 7대 인천시의회새누리당 23석, 새정치민주연합 12석의 교육위원회는 2015년 5월 7일, 조례 제정의 필요성을 인정할 수 없고 협의회 위원 선정계획이 나와 있지 않으며 비슷한 교육감 직속 기구가 있는데 재정 부족 상황에서 또 만들 필요가 없다는 이유로 부결하였다.[20]

조례가 부결되자 인천광역시교육청은 시민사회와 소통하고 협력하는 교육 행정체제를 구축하기 위해 임의기구 성격의 1기 인천행복교육협의회2015.7.1.~2017.6.30.를 시민사회단체, 교육복

---

[20] "[사설]인천 교육자치 발목 잡는 시의회". 인천투데이. 2015.5.11.
http://www.incheontoday.com/news/articleView.html?idxno=30970

지 등 분야별 전문단체 소속, 교육에 관심이 높은 시민 등 48명으로 구성하였다.

'제1기 인천행복교육협의회 평가 보고'[21]에 따르면(정책기획조정관, 2017), 인천행복교육협의회는 ① 인천교육 의제 관련 전국 최초 민관거버넌스 구성과 지역사회와 상호소통구조 구축, ② 교육청과 시민사회 간 다양한 소통 계기 마련, ③ 인천교육 혁신과 정책협의를 통한 지역사회 교육사업 홍보, ④ 분과별 의제 선정과 해당 부서 협의를 통한 사업반영모델 구현 등의 운영 성과가 있다고 평가하였다.

한편 다음과 같은 한계도 지적하였다[평가보고서의 평가 내용을 재구성함][22].

① 조례 제정을 통한 공적 기구로 발족하지 못한 협의회 위상과 역할의 한계로 각 부서와의 협의에서 영향력이 미약하고 구성원 참여가 미흡함, ② 초기 민관거버넌스에 대한 이해 부족으로 협의회 활동이 내실 있게 추진되지 못함, ③ 교육감 부재 사태로 인한 구성원의 참여 의식 감소와 사업 추진 동력 저하로

---

21 분과별 평가회(2017.6.9.~6.20.)와 운영위원회 평가(2017.6.21.)를 통해 작성한 평가 보고서.

22 인천행복교육협의회에 참여했던 인천시민사회단체도 이청연 교육감의 진보교육 실천을 평가하는 토론회를 열었다. 이 토론회에서 인천행복교육협의회를 평가하였는데, '면학실 성적순 배정 폐지, 청소년 노동 인권교육 확대, 놀이교육 활성화 등 시민사회가 아니면 제안하기 힘든 내용이 사업화되고, 그동안 대상화됐던 학부모가 교육주체로 나서는 계기를 마련하는' 성과가 있었지만, 핵심사업 방향을 논의할 때 교육청 내 정책협의 구조가 부재했고 교육정책을 집행하는 과정에 시민사회 참여가 제한되는 등의 한계가 있었다고 평가하였다. https://www.ohmynews.com/NWS_Web/View/at_pg.aspx?CNTN_CD=A0002338453&CMPT_CD=P0001

사업 부실화, ④ 실행 단위가 아닌 협의기구로서의 한계

이 같은 평가를 바탕으로 평가보고서는 다음과 같이 개선방안을 제안하였다.

① 조례 제정을 통해 선언적 협의회 기능을 보완하는 새로운 민관거버넌스 구축 필요, ② 실제 참여와 활동을 할 수 있는 위원 선정, ③ 분과 축소와 전문화, ④ 협의회 구성 시기와 교육청 집행부 성립 시기 일치 필요

일몰 사업으로 지정된 인천행복교육협의회는 1기를 끝으로 2017년 6월 30일 2년 동안의 활동을 마쳤다.

이청연 교육감에 이어 당선된 진보성향의 20대 도성훈 인천광역시교육감2018.7.1.~2022.6.30.은 '인천광역시 미래교육위원회 설치 및 운영에 관한 조례'[23](인천광역시조례 제6543호, 2019.7.5.)를 제정하고 이를 근거로 인천광역시 미래교육위원회를 설치하였다. 이청연 교육감 때 보수당이 다수당을 차지했던 것과 달리, 8대 인천광역시의회는 더불어민주당이 다수당을 차지해더불어민주당 34석, 자유한국당 2석, 정의당 1석 조례 제정에 어려움이 없었다. 하

---

[23] 인천광역시교육청은 조례(안) 마련을 위해 '교육감 공약사항 이행을 위한 인천미래교육위원회 신설 TF'를 2018년 12월 구성하였다(외부위원 14명, 내부위원 10명, 총 24명). 외부위원은 시민단체 4명, 노동·복지·여성·종교·법조계·학계·문화예술·협동조합·학부모·퇴직 교원 각 1명으로 구성하였고, 선발절차분과, 위원회 기능·운영방안분과, 조례제정분과 등 3개 분과로 편성하였다. TF는 2019년 4월 10일 보고회까지 전체회의 5회, 분과장회의 3회를 진행하였다.

지만 교육거버넌스 관련 법령이 없는 상황에서 조례 제정 근거로 지방자치법 제116조의 2와 지방자치법 시행령 제80조를 제시하였고,[24] 교육감 소속 위원회로 설치할 수밖에 없었다.

인천광역시 미래교육위원회는 '교육주체들을 온전히 존중하며 소통과 협치로 삶의 힘이 자라는 교육을 이루기 위해' 설치하였다고 명시함으로써(1조) 교육거버넌스를 지향함을 밝혔다. 그 기능은 인천미래교육 의제 발굴과 정책 수립, 인천교육정책 평가와 개선방안, 그밖에 인천미래교육을 위해 필요한 사항을 심의하는 것이었다(2조).

4. 충청북도

이기용 14대 충청북도교육감^{2007.12.20.~2010.6.30.}은 교육수요자의 다양한 요구를 수렴하고 교육정책 추진과정에 도민 참여를 확대하기 위해 2009년 5월, 1기를 시작으로 충북교육 정책청문관 제도를 시행하였는데, 관련 자치법규를 제정하지 않고 사업

---

24 지방자치법 제116조의2(자문기관의 설치 등) ① 지방자치단체는 그 소관 사무의 범위에서 법령이나 그 지방자치단체의 조례로 정하는 바에 따라 심의회·위원회 등의 자문기관을 설치·운영할 수 있다. ② 제1항에 따라 설치되는 자문기관은 해당 지방자치단체의 조례로 정하는 바에 따라 성격과 기능이 유사한 다른 자문기관의 기능을 포함하여 운영할 수 있다.

지방자치법 시행령 제80조(자문기관의 설치요건) ① 지방자치단체는 법 제116조의2제1항에 따라 심의회·위원회 등의 자문기관(이하 "자문기관"이라 한다)을 설치할 경우에는 다음 각 호의 어느 하나에 해당하는 요건을 갖추어야 한다. 1. 업무 특성상 전문적인 지식이나 경험이 있는 사람의 의견을 들어 결정할 필요가 있을 것. 2. 업무의 성질상 다양한 이해관계의 조정 등 특히 신중한 절차를 거쳐 처리할 필요가 있을 것. ② 해당 지방자치단체에 설치된 다른 자문기관과 심의사항이 유사하거나 중복되는 자문기관을 설치·운영하여서는 아니 된다.

수준에서 추진하였다. 청문관은 도교육청 소속 전문영역별 청문관 50명^{5기는 60명}과 지역별 청문관 190명으로 구성하였고, 전문영역 협의회·지역별 협의회·전체 워크숍 개최, 교육 시설 현장 방문 등을 실시하면서 교육 관련 제안과 의견을 수렴하였다.

진보성향의 김병우 17대 충청북도교육감^{2018.7.1.~2022.6.30.}은 5기 충북교육정책청문관^{2019~2020}을 구성하면서 처음으로 도교육청 소속 전문영역별 청문관을 5개 분과별 협의회^{민주학교, 혁신교육, 문예체교육, 평화안전교육, 교육복지; 분과별 위원 각 12명}로 구성해 청문관의 전문성과 자율성을 높이고자 하였다.[25] 충북교육정책청문관제도는 5기로 활동을 종료하였다.

김병우 교육감은 '충청북도교육청 미래교육협치위원회 설치 및 운영에 관한 조례'^(충청북도조례 제4398호, 2020.5.15.)를 제정하고, 이를 근거로 충청북도교육청 미래교육협치위원회를 설치하였다. 충청북도교육청 미래교육협치위원회는 2020년 12월 16일 활동을 시작하였다.

충청북도교육청 미래교육협치위원회는 인천광역시와 마찬가지로 교육감 소속 위원회로서 '충북교육 주요정책 및 교육 현안에 대한 전문성 있는 소통과 협치를 강화하기 위하여' 설치하였다고 명시함으로써 교육거버넌스를 지향함을 밝혔다.

기능은 ① 충북교육 기본방향과 계획 수립, ② 충북교육 주

---

[25] 충청북도교육청 홈페이지의 '활짝 충북교육소식(https://www.cbe.go.kr/news) > 언론보도 > 보도자료' 참조.

요정책과 현안, ③충북교육 주요정책 추진 사항 점검, ④ 충북교육 주요정책 홍보와 충청북도민 참여, ⑤ 의제별 위원회 구성 및 운영에 관한 사항을 심의·조정하는 것이었다.

위원장은 위원회 심의·조정 결과를 교육감에게 제출하여야 하고, 교육감은 위원회의 심의·조정 결과를 교육정책에 반영하도록 노력해야 했다. 위원회는 교육감이 위원회의 심의·조정 결과와 다르게 시행하고자 하는 경우 교육감에게 이에 대한 서면답변을 요청할 수 있도록 함으로써 위원회 심의·조정 권한을 최대한 보장하고자 하였다.

보수 성향의 18대 윤건영 충청북도교육감2022.7.1.~이 취임하면서 위 조례를 '충청북도교육청 교육정책자문위원회 설치 및 운영에 관한 조례'(충청북도조례 제4878호, 2023.2.3.)로 전부 개정하였고, 이를 근거로 충청북도교육청 교육정책자문위원회를 설치할 계획이다([표 4-3]).

이에 대해 충북교육연대는 심의조정의 핵심기능을 자문으로 변경하고, 연 4회 회의를 연 2회 회의로 축소하였으며, 부교육감이 위원회에서 빠지고, 위원회 의견과 다른 시행에 관해 교육감에게 요구할 수 있었던 서면답변 요청 권한도 없어졌으며, 시민사회 참여를 원천적으로 차단하고 참여를 교육 관련 단체로 축소하는 등 '협치 교육은 사라지고 일방적 교육행정만 남았다'고 비판하였다.[26]

---

26 남수미. "충북교육연대, 미래교육협치위의 자문위 전환 기능축소 우려". 충북메이커스. 2023.7.3. http://www.cbmakers.co.kr/news/articleView.html?idxno=20890

[표 4-3] 충청북도교육청 미래교육협치위원회와 교육정책자문위원회의 위상 비교

구분	미래교육협치위원회	교육정책자문위원회
근거	충청북도교육청 미래교육협치위원회 설치 및 운영에 관한 조례	충청북도교육청 교육정책자문위원회 설치 및 운영에 관한 조례
목적	충북교육 주요정책 및 교육 현안에 대한 전문성있는 소통과 협치를 강화하기 위해	충북교육 주요정책 및 교육 현안에 대한 전문성있는 소통과 협력을 강화하기 위해
기능	다음 사항에 관한 <u>심의·조정</u> 1. 충북교육 기본방향과 계획 수립 2. 충북교육 주요정책과 현안 3. <u>충북교육 주요정책 추진 사항 점검</u> 4. 충북교육 주요정책 홍보와 충청북도 민 참여 5. 의제별 위원회 구성 및 운영 6. 그 밖에 교육시책 등 교육감 요청 사항	다음 사항에 관한 <u>자문</u> 1. 충북교육 기본방향과 계획 수립 2. 충북교육 주요정책 및 현안 3. 충북교육 주요정책 홍보와 충청북도 민 참여 4. 의제별 위원회 구성 및 운영 5. 그 밖에 교육시책 등 교육감 요청 사항

밑줄은 변경사항

5. 전라북도

진보성향의 16대 김승환 전라북도교육감[2010.7.1.~2014.6.30.]은 법적 근거가 없는 임의기구로서 36명의 시민사회단체 활동가와 교육청 3명으로 구성한 교육정책 민관협의회[2013~2015년]를 전북교육정책연구소 산하 기구로 설치하였다. 교육정책 민관협의회의 공동의장은 전북교육혁신네트워크 상임 공동의장과 전북교육정책연구소장이 맡았다(전라북도교육청, 2020).

재선한 김승환 교육감은 선거공약대로 '전라북도 교육발전

민관협력위원회 설치 및 운영에 관한 조례'(전라북도조례 제4273호, 2016.5.13.)를 제정하고 이를 근거로 전라북도 교육발전 민관협력 위원회를 설치하였다.

조례 제정은 순탄하지 않았는데, 2015년 10월 2일 교육감이 지방의회에 제출한 '전라북도 교육발전 민관협력위원회 설치 및 운영에 관한 조례안'이 지방의회에서 2015년 10월 15일 1차 심의에서 심의 보류되었다. 1차 심의에서 심의 유보된 이유는 다음과 같았다.

(1) 어느 선까지를 관官으로 볼 것인지 민관民官에 대한 정의가 불분명하다. 관官의 범위를 교육청으로만 한정치 말고, 지역사회의 관공서들까지 포함시켜야 민관협력이 제대로 될 텐데 검토가 불분명하다(제3조). 교육청 혼자서만 '관'官의 역할을 하려는 생각은 버리고, 각 의제에 맞는 전문행정기관 또는 관계기관지자체, 경찰관서 등이 참여할 수 있어야 소정의 협치가 이뤄질 수 있다고 보았다.

(2) 외부위원 구성 범위에 대한 좀 더 세부적 규정이 필요하다. 일하기 편한 사람만 위촉하는 한계를 극복해야 한다.

(3) 일선 학교 차원에서 지역사회와의 교육협력 관계도 중요한데 어떻게 추진할지 불분명하다.

(4) 교육청에는 기존에도 각종 위원회가 있고, 학교에도 학교운영위원회가 있는데도 교육청에 다시 '민관협력위원회'를 추가하는 것은 '옥상옥'일 수 있다.

2015년 11월 18일 2차 심의에서는 1차 심의 유보 이유 중 네 번째 이유^{'옥상옥'위원회}를 근거로 부결 처리하였다. 5개월 후인 2016년 4월 19일 3차 심의에서 찬반논란 뒤 원안 가결되었다.

3차 심의에서 전라북도교육청은 교육감이 직접 참여하는 위원회는 민관협력위원회 하나뿐임을 강조하며, 다른 위원회가 실무적 성격이라면 민관협력위원회는 전북교육청 교육 현안에 대한 의제 도출의 결정, 방향 설정이 중요한 부분에 대해 심의하는 것이고, 교육감이 직접 민간 의견을 수렴할 수 있는 장을 마련할 필요가 있으므로 꼭 필요한 조례라고 주장하였다. 아울러 시민사회단체^{38개}들과 많은 의견교환을 거쳐 입안된 조례안임을 강조하면서, 시민사회단체는 심의·의결권까지 요구했으나, 자문기구 성격으로 해야 한다는 중론을 반영해 '심의권'으로 한정했다고 설명하였다.

조례는 제정 이유를 다음과 같이 밝힘으로써 전라북도 교육발전 민관협력위원회가 거버넌스 구축을 목적으로 하고 있음을 분명히 하고 있다.

(1) 교육에 민간의 참여와 협력 강화로 교육정책 수립과 집행의 민주성과 전문성을 높이고,

(2) 행정 조직의 권한과 지역사회의 역동성을 유기적으로 결합하고 거버넌스를 구축하여 전북교육 발전을 도모하고자 함.

전라북도 교육발전 민관협력위원회는 교육거버넌스 관련 법령이 없어서 인천광역시·충청북도와 마찬가지로 교육감 소속 위원회로서 설치하였으나, '전북 교육의 주체들이 정책과 각종 현안에 대한 의제 도출·결정과 집행과정에서 소통과 협력으로 민주성과 전문성을 높이고, 교육 발전에 기여하기 위해' 설치하였다고 명시함으로써 교육거버넌스를 지향함을 분명히 하였다. 위원회는 ① 전북 교육 발전 방안과 교육시책 수립, ② 학생 안전과 인권 증진, ③ 학교교육의 혁신, ④ 의제별 위원회 구성과 운영 등을 심의하였다.

김승환 교육감은 3선 이후 '전라북도 교육거버넌스 구축 및 활성화에 관한 조례'(전라북도조례 제4685호, 2019.8.9.)[27]에 근거해 2020년 9월 1일 전라북도 교육거버넌스위원회를 설치하였다([표 4-4]).

[표 4-4] 전라북도 교육발전 민관협력위원회와 교육거버넌스위원회의 위상 비교

구분	교육발전 민관협력위원회	교육거버넌스 위원회
근거	전라북도 교육발전 민관협력위원회 설치 및 운영에 관한 조례	전라북도 교육거버넌스 구축 및 활성화에 관한 조례
구성	① 도교육청, 도의회 ② 교육관련 기관 및 민간단체 등	① 도교육청, 도의회 ② 교육지원청, 도청, 기초자치단체 ③ 학교, 특별지방행정기관·공공기관 ④ 교육 관련 기관 및 민간단체 등
성격	의제 도출·결정 및 집행과정에서 소통과 협력	정책의 결정 과정에 참여 (집행은 소관 기관과 단체)

---

27 이 조례의 제정과 시행에 따라 '전라북도 교육발전 민관협력위원회 설치 및 운영에 관한 조례'는 2021년 5월 7일 폐지하였다.

이는 기존 전라북도 교육발전 민관협력위원회을 발전시켜 일반자치와 연계를 강화하고 지역사회 구성원들의 참여를 확대하는 교육거버넌스를 구축하고, 지역사회 전체가 교육공동체라는 인식을 확산시켜 상호 협력관계를 형성함으로써 지역사회 교육 발전에 시너지 효과를 내기 위함이었다. 또 교육자치와 일반자치 간 갈등으로 인한 교육정책 혼선과 비효율성을 개선하고 지방자치단체와 교육청 간의 협력을 증진하기 위함이었다.

일반자치와의 연계 강화와 지역사회 구성원들의 참여 확대를 통한 교육거버넌스 구축의 필요성은 도의회 교육위원장 본회의 발언2018.7.16.에서도 확인할 수 있다.

> "…… 본 의원은 이를 해소하기 위하여 도내 민·관·학 등이 함께 참여하는 전북형 교육협력체계 구축의 필요성을 말씀드리기 위해 이 자리에 섰습니다. …… 그리하여 본 의원은 소통과 협력 등이 바탕이 된 전라북도 교육협력체계 활성화를 촉구합니다. 민주적 협치가 강조되고 있는 요즘 국가뿐만 아니라 전라북도 교육의 발전을 위해 전라북도와 도교육청 그리고 14개 시·군, 교육단체, 시민사회단체, 지역주민 등과의 소통과 협력체계로 이루어진 긴밀한 네트워크를 전제로 수평적인 거버넌스를 구축해야 합니다. …… 전라북도교육청과 전라북도는 현실적인 전북형 교육거버넌스의 필요성을 인지하고 거버넌스 시대의 교육정책을 다루기 위해서는 민·관·학이 다 함께 어우러져야 한다는 것을 깨달아야 합니다."

조례 2조는 교육거버넌스를 "전라북도교육청과 전라북도청, 교육지원청과 기초자치단체, 그 밖에 도내에 소재한 기관 및 민간단체 등과의 교육 발전을 위한 협의체"라고 규정함으로써 도청과 기초 지방자치단체로 확대한 교육거버넌스 범위를 분명히 하였다.

이상 살펴본 바와 같이, 전라북도 교육거버넌스는 김승환 교육감이 3선을 하는 과정에서 다음과 같은 3단계를 거치면서 그 위상과 참여 범위에서 발전하였다.

> 1단계(초선) : 전북교육정책연구소 산하 교육정책민관협의회
> 2단계(재선) : 전라북도 교육발전 민관협력위원회
> 3단계(삼선) : 전라북도 교육거버넌스위원회

6. 분석

경기도, 광주광역시, 인천광역시, 충청북도, 전라북도의 교육거버넌스 운영 사례를 설치 과정과 위상의 측면에서 분석하면 다음과 같다.

첫째, 협력적 교육거버넌스 확산과 정착을 위해서는 교육감과 지방자치단체장의 의지가 중요하며, 거버넌스 논의와 설치·운영이 진영논리에서 벗어나야 한다.

교육거버넌스를 추진한 교육청이 17개 교육청 가운데 5개 교육청인 것은 거버넌스 논의와 설치·운영이 진영논리에 갇혀 있었기 때문이다. 광역수준 교육거버넌스 구축은 진보성향의 교육감이 추진하였고, 충청북도는 보수성향 교육감이 취임하면서 조례 개정을 통해 자문기구로 회귀되었다. 이처럼 교육거버넌스가 진보성향 교육감의 전유물로 인식되는 측면이 있고, 관련 법령이 없는 상황에서 교육거버넌스 설치·운영이 전적으로 교육감 의지에 달려 있기 때문에 교육거버넌스가 확산될 수 없었다.

거버넌스 관련 법령이 없는 상황에서는 거버넌스에 대한 교육감과 지방자치단체장의 확고한 비전과 의지가 필요하다.

"모든 정책에 거버넌스를 반영하려는 시장이나 교육감의 의지가 중요하다. 인권 감수성이 이제는 공무원의 업무 지표로 자리 잡아가고 있듯이, 거버넌스도 그래야 한다. 어떻게 하면 거버넌스를 활성화할 수 있는지 고민하고, 안 되는 부분이 있으면 사람 문제인지 예산 문제인지 효율적 업무 조정 문제인지를 파악해서 해결해야 한다. 시장이나 교육감이 확고한 의지를 가지고 필요한 교육을 한다든지 거버넌스 업무 비중을 높인다든지 거버넌스 성과에 대한 인센티브를 준다든지 해야, 주무관과 팀장, 과장이 그냥 하라니까 하는 게 아니라 거버넌스를 고민하면서 일한다."

_ '다' 인터뷰 대상자

둘째, 교육거버넌스 관련 법령을 제정해야 하고, 민관협치 활성화 기본조례처럼 교육거버넌스를 위한 기본조례가 제정되어야 한다.

5개 교육청이 서로 다른 경로와 방식으로 교육거버넌스를 구축하고자 하였는데, 이는 관련 법령이 미비하였기 때문이다. 경기도는 지방교육자치법에 근거한 교육행정협의회 산하에 교육거버넌스를 구축하려고 했고, 인천광역시와 충청북도와 전라북도는 지방자치법에 따른 교육감 소속 위원회로 설치했고, 광주광역시는 특별한 법률 근거를 제시하지 않은 채 위원회를 구성하였다.

관련 법령 근거 없이 민관협치 활성화 기본조례에 근거해 9개 광역 지방자치단체가 설치한 민관협치 기구와 비교해봤을 때도, 5개 교육청의 교육거버넌스 설치 과정과 위상은 서로 달랐다.

따라서 교육거버넌스의 확산과 정착을 위해서는 관련 법령 제정을 통해 법적 근거를 확고하게 마련해야 한다.

"국회 차원에서 논의해서 관련 법을 만들어야 근거를 가지고 좀 더 강하게 시도할 수 있지 않나 생각한다. 지금은 초·중등교육법에 교직원 중심의 책무만 규정하고 있는데, 교육이 좀 더 폭넓게 제대로 되려면 여러 기관과의 네트워크나 거버넌스를 해야 한다거나 할 수 있다고 상위법에 명시되어야 좀 더 확고한 근거를 가지고 활동할 수 있지 않을까 한다. 그렇게 되면 교육감이나 교육청도 할 수밖에 없다. 지자체장도 마찬가지이다. 선거를 통한 임기 때문에 처음부터 다시 시작하는 문제가 있어서 더욱 강하게 책무성을 두는 규정이 가장 필요하다고 생각한다."

_ '가' 인터뷰 대상자

"법률이 바뀌어야 한다. 교육자치법에 교육감 권한을 견제할 수 있는 위원회를 두는 규정을 만들지 않으면 어렵다. 국가교육위원회가 유명무실화된 것도 정치 논리 때문이다. 지방 교육도 다르지 않다. 국가교육위원회법을 만들 때 시도교육감협의회가 국가교육위원회 위상을 높이는 제안을 많이 내놓았는데 교육부에 의해 다 빠졌다. 이처럼 거버넌스가 공무원을 강제할 수 있으려면 법률체계를 만들어야 하는데 행정부에서 받아들이지 않는다."

_ '마' 인터뷰 대상자

셋째, 전반적으로 교육거버넌스에 대한 인식과 이해가 부족하므로, 교육거버넌스의 필요성에 대한 공감대를 확산해야 한다.

교육거버넌스가 확산되지 않는 것은 교육거버넌스에 대한 인식과 이해, 필요성에 대한 공감대가 부족하기 때문이었다.

"거버넌스가 왜 필요한가? 상호 존중과 신뢰가 있어야 되는데, 상호 존중과 신뢰의 시간이 그렇게 많지 않았다. 그러니 때때로 진짜 민원인 취급을 하니까 거버넌스를 잘할 수 있는 상황이 전혀 아니다. 거버넌스의 필요성에 대해서 서로 동의하고 시각과 관점에 모아내고 통일시키는 과정이 출발부터 있어야 서로 의견 차이가 있을 때 조정하고 해소할 수 있다. 아니면 형식적으로 운영되거나 깨질 수 있다."

_ '다' 인터뷰 대상자

"보통 위원회 활동을 많이 하는 사람이 또 거버넌스도 하곤 한다. 그래서 거버넌스도 일 년에 한두 번 관이 준비한 안건에 의견을 제시하는 자문기구라고 생각한다. 의제를 만들어가는 것부터 해야 하는 거버넌스 역할에 대한 경험치와 합의가 없었던 것 같다. 잘 만들어진 체계 안에서 서로 잘 논의하는 게 가장 좋은데, 그게 없으니 할 수 있는 범위를 잘 모르고 불명확하니까 조심스럽고 참여하기 어렵게 한다."

_ '라' 인터뷰 대상자

교육거버넌스 관련 법령을 제정한다고 하더라도 교육거버넌스에 관한 공무원 의식이 바뀌지 않으면 교육거버넌스가 활성화될 수 없다. 실제로 교육거버넌스에 대한 공무원의 인식도 부족하고, 마지못해 참여하거나 거부감이 있는 게 현실이다.

"거버넌스에 참여할 수밖에 없는 위치에 있는 사람들, 예를 들어 업무 담당자일 수도 있고 선출직일 수도 있고, 이분들의 몰이해가 거버넌스 활성화를 가로막는다. 지자체 수준이 아니라 국가적 수준에서 거버넌스가 활성화될 수 있는 제도와 문화적 혁신이 필요한데 여전히 관청 중심, 관료 중심으로 가고 있으니까 그게 한계다."

_ '나' 인터뷰 대상자

"현장의 목소리가 반영되어 정책까지 넘어가는 과정이 힘들어 지치게 만든다. 관과 함께 논의해 공동의 발전 방향을 같이 만드는 데는 많은 어려움이 있었다. 관 조직의 폐쇄성 때문이다. 함께 하지만 함께 하는 게 아닌. 너희가 협조하지만, 결국 결정하고 진행하는 건 우리라는 마인드가 느껴진다. 관의 조직문화라고 생각한다. 어떤 위원회에서든 의도된 의견수렴을 원하지, 사업을 흔드는 발언이 나오는 걸 경계한다. 위원 구성에서 그런 사람을 의도적으로 배제하는 것 같다. 어떤 사람을 위원으로 위촉하는지가 위원회가 제대로 운영되는 데 중요하다."

_ '라' 인터뷰 대상자

교육거버넌스를 확산시키기 위해서는 다양한 시도와 사례를 통해 거버넌스에 대한 공감대를 확산하고, 더 많은 사람에게 참여 기회를 보장해야 한다.

"교육거버넌스 사례가 더 많아지고, 거버넌스 경험이 축적되어야 한다. 사례와 경험이 없다 보니, 관도 부담스러워 하거나 업무가 늘어난 것으로 생각한다. 거버넌스에 대한 이러한 태도와 인식을 바꾸고 조직문화를 바꾸려면 사례 발굴을 통해 긍정적 측면을 부각해야 한다.

실질적인 거버넌스 참여와 경험을 할 기회가 많아져야 하고, 그 경험을 공유할 수 있어야 한다. 그래야 필요성을 알고 이게 제대로 되는 길이구나 하는 확신을 가질 수 있다. 작은 단위부터 거버넌스에 대한 경험을 많이 해야 한다. 학교라면 학교운영위원회부터 학부모 의견을 모으고 공론화시켜 학교 운영에 반영하는 과정을 보여주고 참여시키고 경험하게 해야 한다. 교육청 사업 단위별 심의 또는 자문위원회도 사업 운영에 관한 것뿐만 아니라 사업 방향성도 함께 고민할 수 있는 거버넌스로 운영하고, 참여하는 사람의 폭도 더 넓혔으면 한다."

_ '다' 인터뷰 대상자

아울러 거버넌스에 관한 공감대 확산을 위해 거버넌스 간의 교류와 연대가 절실히 필요하다.

"거버넌스가 아직 정착됐다고 보지 않기 때문에 다른 시도 교육 거버넌스와 연대도 필요하다고 본다. 정책 토론을 한다든지 교류하고 소통해서 생각의 범위와 공감하는 사람의 수를 늘리는 게 중요하고, 그래야 법제화를 할 수 있는 거다."

_ '가' 인터뷰 대상자

넷째, 교육거버넌스의 기능과 권한이 정책과정 모든 단계에 대한 의결 권한을 부여하는 수준으로 발전해야 한다.

위원회는 권한과 기능에 따라 [표 4-5]와 같이 분류할 수 있다.[28] 현재 교육거버넌스의 권한이 심의에 그치는 경우가 대부분이고, 광주광역시와 충청북도만 조정 권한까지 부여하였다 ([표 4-6]). 현재 광역수준의 교육거버넌스는 심의위원회 수준이며 의결위원회 수준에 미치지 못한다.

이는 현행 교육자치법상으로는 지방교육행정의 수장인 교육

[표 4-5] 권한과 기능 기준 위원회 분류

위원회	내 용
자문위원회	구속력 없는 의사를 결정하는 위원회
협의위원회	일정한 안건에 관하여 협의하는 위원회
조정위원회	갈등·대립된 이해를 조정하는 위원회
심의위원회	심의하여 의견을 제공하는 위원회
의결위원회	구속력 있는 의사를 결정하는 위원회

[표 4-6] 광역수준 교육거버넌스의 권한

이 름	권 한
경기교육주민참여협의회	자문, 심의
광주교육시민참여단	심의, 조정
인천광역시 미래교육위원회	심의
충청북도교육청 미래교육협치위원회	심의, 조정
전라북도 교육거버넌스위원회	심의

---

[28] 임병수(2009). 위원회 제도에 관한 연구. 출처 : https://www.moleg.go.kr/mpbleg/mpblegInfo.mo?mid=a10402020000&mpb_leg_pst_seq=129373

감에게 교육행정 전권을 주어지기 때문에 교육거버넌스가 교육감 권한을 넘어설 수 없기 때문이다. 실질적인 교육거버넌스로 발전하기 위해서는 법령을 근거로 권한을 의결 수준으로 상향할 필요가 있다.

> "다른 나라는 정책을 입안하는 권한이 의회나 독립적 위원회에 있다. 다양한 계층, 직업군으로 구성한 위원회에서 정책이 만들어지고 관공서는 집행하는 방식이다. 반면 우리나라는 교육감이 예산을 가지고 정책을 만들고 집행하기 때문에 거버넌스를 통해 중장기 교육정책을 만드는 데 한계가 있을 수밖에 없다. 법률상 교육행정의 수장인 교육감 권한을 넘어설 수 없기 때문이다. 거버넌스가 공동선을 바탕으로 중장기 정책을 만들어내고 교육청이 실행하도록 강제하려면 정책이나 예산을 심의할 수 있어야 하는데 제도적으로 막혀서 그런 권한이 없다. 거버넌스가 교육감 권한을 침해할 수 없으니 집행과정에서 의견수렴이나 단발적인 아이디어 제공 수준일 수밖에 없다. 받아들일지 말지 결정을 교육감이 하니까 결국 정책이 교육감 철학에서 만들어진다고 볼 수 있다."
>
> _ '마' 인터뷰 대상자

교육거버넌스에 실질적 권한을 부여해야 하고, 거버넌스 위상과 권한을 확보해야 역량 있는 민간의 참여를 유도할 수 있다.

> "제도 자체가 깨어 있는 민民과 교원이 참여하고 계속 활동할 수

있도록 보장해 줘야 하는데, 솔직히 말하면 지금의 제도는 형식적 거버넌스이고, 의사결정 권한이 많지 않다. 참여를 유도할 수 있는 제도적 보장을 어떻게 할 건가, 이게 제일 중요한 것 같다. 거버넌스 영역과 시민 참여를 확대하려면 주민참여 예산제 등 권한, 예산, 생존적인 지원이 같이 가야 한다."

_ '나' 인터뷰 대상자

"시스템이 갖추어지고 전문 사무국, 전문위원, 국민참여위원회 등 어떤 조직을 구성하고 권한을 부여할 것인지 법률적으로 보장되어야 역량 있는 민간위원의 발굴과 역량 강화가 가능할 것이다."

_ '마' 인터뷰 대상자

2절 조직 구성과 운영

1. 경기도

경기교육주민참여협의회는 조례를 근거로 5개 분과위원회를 설치하고, 기초 지방자치단체 수준의 지역교육거버넌스 구축을 위해 지역교육주민참여협의회를 설치·운영하였다.

경기도교육청은 '경기도교육행정협의회 설치·운영 조례 시행규칙'을 통해 경기도교육행정협의회 운영에 필요한 세부 사항을 규정하고 있다.

5개 분과위원회를 20명 이내로 구성하도록 규정하고 있어서, 위원회를 최대 100명까지 구성할 수 있다. 위원은 공모와 관련 단체·기관의 추천으로 위촉하고^{임기 1년}, 추천위원은 ① 학교·연구소·학회·협회·관련기관·비영리민간단체 구성원, ② 교육감·도지사·경기도의회가 추천한 사람, ③ 관계기관 소속 공무원으로 하였다. 공모와 추천을 병행해 공모를 통한 민간 참여를 보장하고 있지만, 1년이라는 짧은 임기는 공모위원이 분과위원회 활동에 실질적으로 참여하는 데 걸림돌이 될 수밖에 없다.

대표는 경기도교육감과 경기도지사가 협의해 위원 중에서 교육감이 위촉하고, 분과위원장은 각 분과위원회 위원 중에서 호선하였다. 협의회의 원활한 운영을 위해 사무처를 두고, 사무처장은 협의회 업무 담당 사무관이 맡았다.

사무처는 ① 분과위원회 안건 조정과 심의 결과 처리, ② 협의회 전체회의 안건 상정과 심의 결과 처리, ③ 지역교육주민참여협의회 운영 지원과 관리·조정의 사무를 처리하였다. 각 분과위원회에는 분과위원회 업무 담당 사무관이나 장학관으로 간사를 두었다.

경기교육주민참여협의회의 전체 정기회는 연 1회 열도록 하였고, 활동이 분과위원회를 중심으로 이루어지도록 하였다. 그런데 분과위원회의 회의 주기에 대한 의무 규정이 없이 분과위원장과 5인 이상의 위원 요구로 개최하도록 규정했기 때문에, 지속적이고 안정적인 운영을 위해서 정기회 주기를 명시할 필요가 있다.

2. 광주광역시

광주시민교육참여단은 30명 내외의 당연직과 위촉직 단원으로 구성하였다^{임기 2년}. 위촉직 단원의 20%는 공모를 통해 선정하였다. 당연직 단원은 정책국장, 교육협치 담당 부서의 장, 기관장으로 하고, 위촉직 단원은 공모를 통한 선정된 시민, 시민단체·직능단체 추천인, 시의회 추천 시의원 등으로 구성하였다.

단장과 부단장은 위촉직 단원 중에서 호선하도록 규정하였다.

조례 15조에 따르면, 교육감은 교육정책 과정에서의 시민 의견 반영과 참여 확대를 위한 교육협치 활성화 운영계획을 3년마다 수립해야 하고, 여기에는 ① 교육협치 활성화 정책의 기본방향, ② 교육협치 분야별 정책목표와 추진계획, ③ 운영계획 실행을 위한 재원 조달 방안, ④ 그 밖에 교육협치 활성화를 위한 주요 사항이 포함된다.

[표 4-7] 광주시민교육참여단과 광주교육발전자문위원회 조직 구성과 운영 비교

구분	광주교육발전자문위원회	광주시민교육참여단
구성	25인 이내 1. 학계 또는 교육계 2. 학교운영위원회 위원장 중 추천인 3. 교직단체 추천인 4. 학부모 또는 지역사회 인사 5. 기타 전문가	30명 내외 • 당연직 : 정책국장, 교육협치 담당 부서의 장, 기관장 • 위촉직 : 공모를 통한 선정된 시민, 시민단체·직능단체 추천인, 시의원, 기타
임기	1년(연임 가능)	2년
정기 회의	연 2회	연 2회
활동	자문 활동	• 전문기관, 관련 단체에 조사연구 의뢰 • 세미나 등을 통한 관계 전문가·시민 의견 청취 • 교육감 : 3년마다 교육협치 활성화 계획 수립, 행정절차와 제도 개선, 민관의 협력관계에 바탕을 둔 정책 평가 시행
조직	사안별 분과협의회 구성·운영	시민참여담당관

광주광역시교육청은 2019년 3월 1일 교육협치 활성화 운영 계획 수립·시행을 위한 전담부서로 시민참여담당관을 두었다. 시민참여담당관은 '시민과 지역사회의 교육정책 참여로 민주주의 가치 실현'이라는 비전을 세우고, 참여와 협력의 교육협치 실현, 배움과 돌봄의 교육공동체 실현, 학생·학부모·교사가 함께하는 행복한 광주교육을 목표로 삼았다.

이를 위해 시민참여단과 시민사회단체 네트워크 활동을 지원하는 '시민참여팀'4명, 마을교육공동체 운영과 교육복지우선지원사업 학교를 지원하는 '지역사회협력팀'11명, 학부모교육과 학부모의 학교 참여와 소통을 확대하기 위한 '학부모참여팀'8명을 구성하였고담당관 포함 총 24명, 2020년 9월 1일 기후위기 대응과 지속가능한 환경 생태교육을 전담하는 '기후·환경협력팀'4명을 신설해 4개 팀 28명으로 확대하였다. 이는 30명 이내 단원수와 맞먹는 규모이다.

조례 개정(제15조 3항, 2023.2.24.)에 따라 현재 전담부서인 시민참여담당관 체제에서 직속기관인 광주시민교육협치진흥원으로 전환하고 있다.

광주시민교육참여단은 다른 시도와 달리 전담부서로 시민참여담당관을 두어 실행력을 높였고, 이를 조례 개정을 통해 전담기관인 광주시민교육협치진흥원으로 전환함으로써 전담체계를 개선하고 있다. 다만 30명 이내라는 단원 규모, 연 2회의 정기회의, 2년 임기, 3년 주기의 교육협치 활성화계획 수립과 시행 방식 등 관 주도의 교육거버넌스로서 참여적 교육거버넌스 성격이 두드러진다.

3. 인천광역시

인천광역시 미래교육위원회는 공동위원장 2명과 부위원장 2 명을 포함한 70명 이내의 위원으로 구성하였다. 당연직 위원은 교육감, 교육청 각 국장, 정책 기획 업무 담당관^{또는 과장}으로 하고, 위촉직 위원은 학계·교육계 종사자, 학부모단체 소속, 학교 운영위원회 위원, 지역 시민사회단체·비영리민간단체 소속, 장애인·다문화 등 교육차별과 소외 극복을 위해 활동하는 사람, 인천미래교육에 관심 있는 학생·청소년·청년 중에서 위촉하였다. 위촉직 위원은 추천위원과 공개모집위원으로 구성하되, 추천위원은 위촉직 위원 수의 절반을 넘지 않도록 함으로써 시민 참여를 보장하였다.

공동위원장은 교육감과 선출된 민간위원이 함께 맡고, 부위원장은 추천위원과 공개모집위원 중에서 각각 선출하였다. 위원회 운영 전반 업무에 대한 심의·의결하는 운영위원회^{정기회 격월}와 분과위원회를 두었다.

인천광역시 미래교육위원회는 선정 의제를 중심으로 공론화를 담당하는 분과위원회 중심으로 운영하였다. 1기 분과위원회는 교육복지분과, 소통교육분과, 미래교육분과, 혁신교육분과 등 4개로 분과위원회를 구성하였다. 분과위원회 이름은 소관 의제를 반영한 것이 아니라, 위원 지원 신청서를 작성할 때 선택한 관심 교육 영역이며 이를 기준으로 분과 배정을 하였다. 2기 분과위원회는 '2030인천미래교육 공동비전선언'에 제시한 5대 정책목표를 중심으로 교육협력거버넌스분과, 마을교육공동체분과, 평생학습분과, 시민교육분과, 미래교육환경분과 등 5개 분과위원회와 미래교육 당사자인 청소년청년분과위원회로 구성하였다.

인천광역시 미래교육위원회는 교육감이 공동위원장을 맡고 교육청의 모든 국장이 당연직 위원으로 참여하고, 시의원 2명이 추천위원으로 참여함으로써 전체회의의 결정 사항을 정책에 반영할 수 있는 제도적 기반을 마련하였다.

4. 충청북도

충청북도교육청 미래교육협치위원회는 20명 이내의 당연직 위원과 위촉위원으로 구성하였다. 당연직 위원은 부교육감, 기획국장, 교육국장, 행정국장이고, 위촉위원은 충청북도의회 추천 도의원 2명 외 ① 학계 또는 교육계 종사자, ② 지역시민사회단체·비영리민간단체 활동가, ③ 교육전문가, ④ 학생·청소년, ⑤ 전문성과 덕망을 갖춘 지역사회 인사로 위촉하였다. 임기는 2년이고 1회 연임할 수 있었다. 위원장은 위촉위원 중 호선하고, 부위원장은 위원 중 호선하였다.

위원회 사무를 효율적으로 처리하기 위하여 위원회 업무 담당 부서와 간사 1명을 두며, 간사는 업무 담당 부서의 장으로 하

[표 4-8] 충청북도교육청 미래교육협치위원회와 교육정책자문위원회 조직 구성과 운영 비교

구분	미래교육협치위원회 조례	교육정책자문위원회 조례

위원 구성	20명 이내
	• 당연직위원 : 부교육감, 기획국장, 교육국장, 행정국장
	• 위촉위원 : 충청북도의회 추천 2명 외
	  1. 학계 또는 교육계에 종사하는 사람
	  2. 지역시민사회단체·비영리민간단체에서 활동하는 사람
	  3. 교육분야에 학식과 경험이 풍부한 사람
	  4. 충북교육에 관심 있는 학생 및 청소년
	  5. 그 밖에 전문성과 덕망을 갖춘 지역사회 인사
		20명 이내
		• 당연직 위원 : 기획국장, 교육국장, 행정국장, 업무담당 부서의 장
		• 위촉위원
		  1. 학계 또는 교육계에 종사하는 사람
		  2. 학부모 또는 교육관련 시민단체에서 활동하는 사람
		  3. 교육 분야에 학식과 경험이 풍부한 사람
		  4. 충북교육에 관심 있는 학생 및 청소년
		  5. 충청북도의회에서 추천하는 사람
		  6. 그 밖에 전문성과 덕망을 갖춘 지역사회 인사

회의	정기회 분기별 1회	정기회 연 2회
간사	업무담당 부서장	업무담당부서의 사무관
위원회	• 의제별 위원회 • 교육지원청 위원회(교육장 소속)	• 의제별 위원회 • 교육지원청 위원회(교육장 소속)
결과 처리	• 위원장은 위원회 심의·조정 결과를 교육감에게 제출하여야 한다. • 교육감은 위원회의 심의·조정 결과를 교육정책에 반영하도록 노력한다. • 위원회는 교육감이 위원회의 심의·조정 결과와 다르게 시행하고자 하는 경우 교육감에게 이에 대한 서면답변을 요청할 수 있다.	• 위원장은 위원회 자문 결과를 교육감에게 제출하여야 한다. • 교육감은 위원회의 자문 결과를 교육정책에 반영하도록 노력한다.

— 밑줄은 변경사항

였다.

위원회는 충청북도교육청의 전문 분야별 정책과 현안에 관해 연구·협의를 하고 그 결과를 위원회에 제안하는 의제별 위원회를 구성하여 운영할 수 있었다. 의제별 위원회의 구성과 운영에 관한 사항은 위원회 의결을 거쳐 위원장이 정하도록 하였다. 또 정기회를 분기 1회 개최하는 등 충청북도교육청 미래교육협치위원회는 교육거버넌스로 운영하기 위한 제도적 장치를 마련하였다.

5. 전라북도

전라북도 교육발전 민관협력위원회는 당연직 내부위원 4명^{교육감, 교육국장, 행정국장, 정책공보담당관}, 26명 이내의 외부위원으로 구성하였다. 외부위원은 도의회 추천 3명, 공개모집 9명, 교육감 추천 14명이었고, 교육감 추천은 학계·교육계 5명, 학부모단체 1명, 학교운영위원회 1명, 시민사회 민간단체 4명, 장애인 다문화 1명, 지역사회 인사 1명이었다(전라북도, 2020).

위원회는 의제별 위원회를 구성할 수 있었고, 의제별 위원회는 위원회에서 선출한 위원 3명, 각 의제 관련 부서 3명^{과장 포함}, 민간기구단체 인사·전문가 등 10명 이내로 구성하였다. 아울러 각 교육지원청에도 교육지원청 교육발전 민관협력위원회를 두었고, 위원회는 15명 이내의 위원^{외부위원 2/3 이상}으로 구성하였다.

[표 4-9] 전라북도 민관협력위원회와 교육거버넌스위원회 조직 구성과 운영 비교

구분	교육발전 민관협력위원회	교육거버넌스위원회
위원 구성	총 30명 이내 ① 당연직:교육감, 교육국장, 행정국장, 정책공보담당관 ② 공개모집 9명 ③ 외부위촉 14명 ④ 도의회 추천 3명	총 40명 이내 ① 당연직:교육감, 실·국장 2명 ② 공개모집 11명[29] (외부위원의 3/10) ③ 외부위촉 18명 ④ 도의회 추천 3명 (교육위, 행자위) ⑤ 실·국장급 도청 2명, 기초자치단체 3명[30]
운영 위원회	위원회에서 선출한 4명, 간사	위원회에서 선출한 5명, 간사
소위원회	의제위원회(10명 내외)	분과위원회(10명 내외)[31]
의견 조정	관련 조항 없음	• 분과위원회 결과에 반대하는 경우 • 교육거버넌스위원회에 의견 조정 요구
지역별 위원회	지역별 교육발전 민관협력위원회 구성(세부 사항은 교육장이 규정)	지역별 교육거버넌스위원회 구성(세부 사항은 교육장이 규정)

전라북도 교육거버넌스위원회는 공무원과 민간위촉직 외부 위원 등 40명 이내의 위원으로 구성하며, 공무원 위원 구성은 교육감, 전라북도교육청과 전라북도청의 실·국장급 이상 공무원 각 2명, 전라북도의회 교육위원회와 행정자치위원회 소속 의원 중 의장이 추천하는 3명과 기초자치단체 실·국장급 공무

---

[29] 국회의원 선거구의 인구비율을 기준으로 인원수를 배정하였다.

[30] ① 전주시청 실·국장급 공무원 1명, ② 전주시를 제외한 5개 시 지역 중 1개 시청의 실·국장급 공무원 1명, ③ 8개 군 지역 중 1개 군청의 실·국장급 공무원 1명

[31] 교육거버넌스 위원 5명, 담당 부서장과 담당자 등 2~3명, 관련 전문가 3~4명으로 구성.

원 약간 명으로 하였다. 민간위촉직 외부위원은 10분의 3 이내에서 공개 모집하였다. 공개모집을 제외한 민간위촉 외부위원은 ① 학계 또는 교육계 종사자, ② 학부모단체 소속, ③ 학교운영위원회 위원, ④ 도내 비영리민간단체 소속, ⑤ 장애인·다문화·예술·환경 분야 등의 전문가, ⑥ 도내 주요 언론사 종사자 등으로 위촉하였다. 위촉직 위원의 임기는 2년으로 하되, 1회 연임할 수 있었다. 위원장과 부위원장은 위원 중에서 호선하였고, 정기회는 반기별 1회 개최하였다.

위원회는 위원회 업무를 효율적으로 수행하기 위하여 운영위원회를 두며, 운영위원회 위원은 위원회에서 선출한 위원 5명과 교육감이 지정한 간사로 구성하였다. 운영위원회는 위원회분과위원회 포함의 원활하고 효율적인 운영과 실무 진행을 위한 활동과 점검을 담당하였다.

위원회는 그 산하에 ① 학교급식 등 교육복지 개선, ② 기관·민간단체별 또는 교육분야 사업별 업무의 유연화, ③ 기관·민간단체와 연계한 교육협력관계의 제도화 등을 효율적으로 심의하기 위하여 분과위원회를 설치·운영할 수 있었다.

1기 교육거버넌스위원회 위원 40명 중 14명[35%]은 민관협력위원회 활동 경험을 가진 위원이었다. 공무원은 11명 중 4명[36.4%], 민간 외부위원은 29명 중 10명[34.5%]이었다. 즉 교육거버넌스위원회는 민관협력위원회와의 연속성을 가지고 발족했다고 평가할 수 있다.

각 분과위원회에서 도출된 결과에 대하여 극히 부당하여 수용 또는 이행이 불가하다고 생각하는 기관 또는 민간단체는 해당 의견이 결정된 날부터 15일 이내에 그 이유를 들어 교육거버 넌스위원회에 의견 조정을 요구할 수 있었다. 위원장은 의견 조 정 요구서가 접수된 날부터 90일 이내에 의견 조정 요구에 대 한 수용 여부 또는 의견 조정 결과를 통보하여야 했다. 이러한 장치를 통해 분과위원회에서 도출한 정책을 상호 조정을 통해 반드시 실행하도록 하였다.

6. 분석

경기도, 광주광역시, 인천광역시, 충청북도, 전라북도의 교육 거버넌스 운영 사례를 조직 구성과 운영의 측면에서 분석하면 다음과 같다.

첫째, 광역과 기초 지방자치단체와 의회, 시도교육청, 시민사 회가 모두 참여하는 교육거버넌스를 구축해야 한다.

전라북도만 광역과 기초 지방자치단체와 의회, 교육청, 시민 사회가 모두 참여하는 교육거버넌스를 구축하였다. 경기교육 주민참여협의회는 경기도와 경기도교육청 간의 협의기구인 경 기도교육행정협의회와는 달리 교육감·도지사·경기도의회 추 천인, 관계기관 소속 공무원, 학계·시민사회 구성원으로 구성한 교육거버넌스이다. 광주광역시, 인천광역시, 충청북도는 교육 청 단독형으로, 교육거버넌스에 교육청, 시도의회, 시민사회가 참여하고 광역과 기초 지방자치단체는 빠져 있다.

이처럼 광역수준 교육거버넌스가 광역·기초 지방자치단체와 의회까지 모두 포함하지 못하는 것은 관련 법령 미비로 교육청 주도로 교육거버넌스가 설치되다 보니, 지방자치단체의 참여를 적극적으로 끌어내지 못하기 때문이다. 지방자치단체가 교육거버넌스에 참여하고 있어도 적극적이고 실제적인 참여가 이루어지지 않고 있는 게 현실이다.

둘째, 교육거버넌스에 교육청과 광역·기초 지방자치단체의 의사결정권자, 시도의원이 직접 참여함으로써 교육거버넌스의 의결사항이 각 기관의 정책과 사업에 반영될 수 있어야 한다.

위원은 당연직과 위촉직 위원으로 구성하고, 당연직 위원은 광역과 기초 지방자치단체와 시도교육청·교육지원청의 정책 실행책임자, 시도의원으로 구성해야 한다. 위촉직 위원은 추천위원과 공모위원으로 구성하고, 추천위원에는 정책 이해관계자 맵핑을 통해 정책 이해관계자 네트워크가 골고루 참여하고, 공모를 통해 시민참여를 보장함으로써 협력적 거버넌스를 구축해야 한다.

인천광역시 미래교육위원회는 교육감과 민간 선출위원이 공동위원장을 맡고 교육청의 모든 국장이 위원회에 참여함으로써 위원회의 결정이 곧바로 정책에 반영될 수 있도록 설계하였다. 충청북도도 부교육감과 국장급이 위원으로 참여하였으나,

위원장은 위촉위원 중에 호선하도록 함으로써 관 주도의 거버넌스가 되지 않도록 하였다.

5개 광역수준 교육거버넌스의 위원 구성을 보면, 당연직과 위촉위원으로 나누고, 위촉위원은 추천위원과 공모위원으로 구분하였다. 위원 수는 경기도 100명, 인천광역시 70명, 전라북도 40명, 광주광역시 30명, 충청북도 20명으로 정책 이해관계자가 골고루 참여하기에는 한계가 있을 수밖에 없다. 시민참여를 보장하는 공모위원은 인천광역시 30명, 전라북도 11명 등으로 인천광역시를 제외하고는 시민의 참여를 보장하기에는 공모위원의 규모가 작다.

셋째, 역량 있는 시민이 참여할 수 있는 제도를 마련하고, 역량 강화를 위한 노력이 지속적으로 이루어져야 한다.

현실적으로 아직은 교육거버넌스 민간 참여자의 정책 수립과 집행 역량이 부족하다.

"진보교육감이 들어서면서 참여 기회의 문은 열렸지만, 민간 참여자의 기획력이나 추진 역량이 부족했다. 교육 전문성을 가지고 중장기 계획을 만들 수 있어야 하는데, 지역 거버넌스에서는 교육정책과 예산을 수립하고 집행할 수 있는 사람이 민간에 거의 없다. 교육감과 교육 전문직이 더 많이 알 수밖에 없어서 이를 넘어서기 어렵다."

_ '마' 인터뷰 대상자

"미래교육위원회 하면서 느낀 것 중 하나는 참여한 사람의 역량 문제이다. 공무원 관점에서는 참여하는 사람들의 정책 역량이 떨어지면 의견을 듣지만 결국 우리가 컨트롤해야 된다고 생각할 것 같다. 교육복지, 미래교육 주제나 정책에 대해 얼마나 공부하고 참석하느냐, 얼마나 적극적으로 참여하느냐가 중요한데, 이름만 올려놓고 제대로 나오지 않은 사람도 있었다."

_ '라' 인터뷰 대상자

교육거버넌스 활성화를 위해서는 역량과 시민성을 갖춘 민간 참여자를 발굴해 참여를 유도하고, 역량 강화를 위해 계속 노력해야 한다.

"먼저 그 지역의 민民이 얼마만큼 거버넌스에 능동적으로 참여하고 있는가, 깨어 있는 민과 교원이 있는지가 가장 중요하다. 단체장이나 담당자가 거버넌스 마인드를 안 갖고 있더라도 교사나 민이 욕구가 강한 지역은 결국 그걸 이루어낸다. 공공성과 시민적 덕성을 갖는 시민들이 함께 형성돼야 한다. 그렇지 않으면 이해집단들이 다양한 이해관계로 막 들러붙어서 본말이 전도될 수 있기 때문에, 공공성과 시민성을 갖는 시민운동까지 안가더라도 건강한 시민들을 형성해야 한다. 제도는 한계를 늘 갖고 있다. 제도는 사람이 만들고 운영하는 것도 사람이기 때문에, 깨어 있는 민들, 지역과 함께하려는 교사들의 양과 질이 충분하지 않으면, 이게 꾸준하지 않으면 거버넌스는 안 된다."

_ '나' 인터뷰 대상자

"거버넌스를 잘하려면 참여하는 사람의 역량도 매우 중요한 것 같다. 거버넌스와 관련된 주제에 대해서 공부가 필요하다. 어떻게 접근할 건지, 이미 있는 걸 또 제안하지 않기 위해서 현황을 파악하고 어떻게 더 나아가야 되는지, 정책의 흐름과 방향 속에서 현재 위치를 파악하고 좀 더 넓고 깊게 고민하고 제시해야 한다."

_ '다' 인터뷰 대상자

"현장에서의 느낌만으로 이야기하다 보면 민원성 이야기로 받아들이기 때문에, 정책과정에 대한 교육도 필요하다. 정책아카데미 같은 교육프로그램을 만들어서 기존 위원회 활동에 참여하는 사람부터 정책과정을 배울 수 있었으면 한다. 자신이 체감하는 걸 깊이 고민해서 의제로 내놓기가 매우 어려운데, 교육프로그램을 통해 함께 이야기하면서 의제를 찾을 수도 있다. 지역학부모도 참여할 수 있도록 교육지원청 단위로 묶어서 하거나, 동 주민센터와 함께 주민교육프로그램으로 할 수도 있다. 단체소속이 아니더라도 개인이나 소모임이 교육을 받게 지원하고 교육받은 사람을 거버넌스 활동에 연결하는 지원체계가 필요하다. 관에서 교육과 경험의 기회를 많이 만들어야 한다."

_ '라' 인터뷰 대상자

넷째, 교육거버넌스 활성화를 위해 전담부서 또는 전담기관을 설치해야 한다.

광주광역시는 교육협치 활성화를 실행할 전담부서를 구성하고 팀을 구성함으로써 해당 분야의 거버넌스가 실질적으로 이루어지도록 하였다. 최근에는 전담부서에서 전담기관으로 발전시켜서 교육거버넌스에 관한 적극적 의지를 보이고 있다.

관 주도에서 벗어나기 위해 거버넌스 담당 전문관과 민간 실무자 배치도 필요하다.

"거버넌스에 관한 리더십 의지가 전체적으로 관철될 수 있는 전문관 시스템도 필요하다. 또 거버넌스 실무를 파견교사가 하든 공무원이 하든 공무원이 한다. 예산이 따르는 문제라 어려울 수 있지만, 민의 실무를 담당하는 사람도 발굴해서 배치할 필요가 있다. 민의 실무 담당자가 실무를 하면서 역량을 집중해내고 조율도 하면, 관의 실무도 줄어드니 시너지 효과를 낼 수 있다고 본다."

_ '다' 인터뷰 대상자

3절 의제 설정

1. 경기도

경기교육주민참여협의회는 ① 교육과정분과위원회, ② 평생·직업교육분과위원회, ③ 교육환경개선분과위원회, ④ 교육복지분과위원회, ⑤ 행정제도개선분과위원회로 구성하고, 각 분과위원회는 20명 이내의 위원으로 구성하며 업무 담당 사무관 또는 장학관을 간사로 두도록 규정하였다.

2023년 4월 21일 '경기도교육행정협의회 설치·운영 조례 시행규칙'일부 개정을 통해 분과위원회를 ① 디지털교육분과위원회, ② 인성교육분과위원회, ③ 급식개선분과위원회, ④ 지역교육협력분과위원회, ⑤ 학교업무개선분과위원회로 개편하였다.

이처럼 경기교육주민참여협의회는 시행규칙을 통해 각 분과위원회의 의제를 바꾸고 의제별 분과위원회를 구성하는 방식이기 때문에, 시기와 상황에 맞는 새로운 의제 발굴과 정책 개발에 한계가 있다고 할 수 있다.

2. 광주광역시

2019년 7월 4일 출범한 1기 광주시민교육참여단은 교육협치 분과, 지역협력분과, 학교자치분과 등 3개 분과위원회와 교육 이슈와 현안에 따라 운영되는 특별분과위원회로 2019년 스쿨 미투 특별분과위원회를 구성하였다. 분과위원회는 매월 개최하 였다(시민참여담당관, 2022).

2021년 7월 4일 출범한 2기 참여단은 광주교육 현안 의제를 발굴하기 위해 미래교육분과, 지역공동체분과, 기후위기대응분 과, 교육자치분과 등 4개 분과위원회를 구성하였다.

광주시민교육참여단은 기별로 서로 다른 의제 영역을 중심 으로 분과위원회를 구성하였으나, 정해진 의제의 분과위원회 활동이라는 점에서 새로운 의제 발굴에 한계가 있다고 할 수 있 다. 1기 때 특별위원회를 통해 스쿨미투 현안을 다루는 등 단기 현안을 처리하기도 하였다.

3. 인천광역시

인천광역시 미래교육위원회는 미래교육 의제 발굴과 정책 수립을 위한 교육거버넌스의 위상과 목적에 충실하기 위해서 미래교육 의제를 발굴하고 선정하는 과정부터 인천시민의 참 여를 보장하고 촉진하고자 하였다(인천광역시 미래교육위원회, 2021).

의제 설정은 ① 의제 공모, ② 의제 추출, ③ 의제 선정의 과정으로 진행하였다([표 4-10]).

미래교육위원회 위원과 인천시민을 대상으로 미래교육 의제를 공모하였고, 정책참여자^{교사, 학부모, 청소년, 시민단체} 대상의 포커스 그룹 인터뷰, 인천교육정책연구소의 기존 정책연구 분석을 통해 의제를 수집하였다. 이를 유목화해 의제를 추출하고, 각 분과위원회의 의사결정에 따라 선정한 의제를 4개 분과별 의제와 공동 추진 의제로 배정하였다([표 4-11]). 2기 의제는 '2030인천미래교육 공동비전선언'의 5대 정책목표로 하였고, 관심 정책목표를 기준으로 소속 분과위원회를 배정하였다.

1기 인천광역시 미래교육위원회는 의제별 실태 파악과 정책 대안 모색을 위한 공론화 과정으로 포럼, 정책토론회, 콘퍼런스 등을 통해 정책대안을 마련해 심의하고자 하였다. 각 분과 의제 공론화를 위해서 분과별 의제를 주제로 '2030인천미래교육포럼'을 4회에 걸쳐 진행하였다. 각 포럼에서 제시된 여러 정책 제안을 바탕으로 인천광역시교육청 담당 부서와의 정책협의회와

[표 4-10] 의제 설정 과정

구분	방법
1단계 의제 제안 수집	• 의제 제안 공모 : 시민, 위원 대상 - 92개 의제 제안 접수 • FGI(교사, 학생, 학부모, 시민단체) - 41개 의제 제안 추출 • 기존 인천교육정책연구소의 정책연구 분석(2015~2018년)
2단계 의제 추출	• 전문위원 위촉, 워킹그룹 구성 • 의제 추출 워크숍 실시 : 공동의제 1개, 분과 배당 의제 7개 추출
3단계 의제 선정	• 위원 대상 설문조사를 통한 공동 추진 의제와 분과 추진 의제 배정 • 총회 심의와 확정

외부전문가 초청 정책토론회를 진행할 계획이었으나, 코로나19로 말미암은 모임 제약 등으로 외부전문가와 교육청 정책 담당 부서와 함께 참여하는 정책토론회로 일원화해 콘퍼런스 때 분과별 세션으로 진행하였다.

 의제별 포럼에서 제안한 정책수단을 종합한 결과 거버넌스, 플랫폼, 교육과정이 공통의 정책수단으로 제안되었다. 이에 각 분과위원회가 제안한 정책수단의 통합을 위해 인천미래교육과정, 인천미래교육플랫폼을 세션 주제로 콘퍼런스를 진행하였다. 거버넌스 주제는 코로나19 확산과 발제자 섭외의 어려움으로 세션을 진행하지 못하였다. 계획대로 의제별 정책대안을 채택하지 못했지만, 공동 추진 의

[표 4-11] 분과별 의제 현황

구분	분과별 의제
1기	• 인천미래교육 공동선언문 제정(시청, 시의회, 군·구청, 군·구의회, 교육청, 교육지원청) - 공동 추진 의제 • 모든 아이들을 위한 맞춤 시스템 교육복지(또는 학생 중심 통합적인 교육복지시스템 구축) - 교육복지분과 • 미래역량을 키우는 학습자 중심의 진로교육과정 마련을 위해 인천만의 특색이 담긴 인천형 미래진로교육체제 구축 - 소통교육분과 • 미래사회에서 필요한 역량을 강화하는 생애주기별 시민교육을 만들기 위해 인천형 시민교육체계 구축 - 혁신교육분과 • 지속가능한 마을교육공동체 운영을 위한 민·관·학 거버넌스 법적 제도 마련; 포괄적 학습공원(learning park)으로서의 미래학교와 마을 - 미래교육분과
2기	• 교육불평등 해소를 위한 교육협력거버넌스 구축 - 교육협력거버넌스분과 • 배움과 성장을 지속하는 평생학습 - 평생학습분과 • 미래사회 변화에 맞는 교육 환경 구축 - 미래교육환경분과 • 함께하는 미래학교와 마을공동체 조성 - 마을교육공동체분과 • 인천을 품고 세계로 나아가는 시민교육 - 시민교육분과

제로 진행한 '2030인천미래교육 공동비전선언'의 5대 정책목
표에 각 분과의 공론화 성과를 반영하였다.

　'2030인천미래교육 공동비전선언'은 3대 비전, 4대 인간상,
5대 정책목표로 구성하였다. 3대 비전은 '행복한 배움, 다채로
운 성장, 함께하는 인천교육'이고, 4대 인간상은 '즐겁게 배우는
자율적인 사람, 질문 능력을 가진 창의적인 사람, 인간다움을
갖춘 전인적인 사람, 공감 능력을 가진 협력적인 사람'이다. 5대
정책목표는 '① 교육불평등 해소를 위한 교육협력거버넌스 구
축, ② 배움과 성장을 지속하는 평생학습, ③ 미래사회 변화에
맞는 교육 환경 구축, ④ 함께하는 미래학교와 마을공동체 조
성, ⑤ 인천을 품고 세계로 나아가는 시민교육'이다.('2030인천미래교
육 공동비전선언' 전문은 [부록 2] 참조. [그림 4-1]은 이를 시각화한 '2030인천미래교육 나침반').

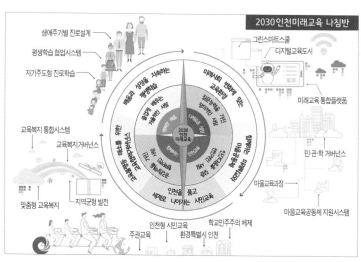

[그림 4-1] 2030인천미래교육 나침반

2021년 8월 27일 선포한 '2030인천미래교육 공동비전선언'
에는 인천광역시교육감, 인천광역시장, 군수·구청장, 인천광역
시의회 의장, 군·구의회 의장이 참여해, 전국 최초로 교육거버
넌스가 주도해서 광역과 기초 지방자치단체 정부와 의회가 교
육청과 함께 미래교육 공동비전을 선언하는 성과를 거두었다.

인천광역시 미래교육위원회는 '2030인천미래교육 공동비전
선언'을 준비하는 과정으로 전문가 델파이 조사, 인천시민 대상
온라인 설문조사^{약 5천 명 참여}, 지방자치단체·의회 대상 의견조사
등을 진행하였다.

1기를 마무리하면서 인천광역시 미래교육위원회는 '2030인
천미래교육 공동비전선언' 실현을 위한 특별기구를 설치할 수
있는 법적 근거를 마련하고자 조례 개정을 통해 특별기구 조항
을 신설하였다.

4. 충청북도

충청북도교육청 미래교육협치위원회는 충청북도교육청의
전문 분야별 정책과 현안에 대해 연구와 협의를 하고 그 결과를
위원회에 제안하는 의제별 위원회를 구성하여 운영할 수 있었
다. 의제별 위원회의 구성과 운영에 관한 사항은 위원회 의결을
거쳐 위원장이 정하도록 하였다.

5. 전라북도

1기 교육발전 민관협력위원회2016.8.1.~2018.7.31.는 ① 학생 안전을 위한 학교시설물 유해영향평가 검사와 사후지원 방안, ② 농어촌지역 교육 활성화 정책 개선방안, ③ 민관협 거버넌스 교육활동을 위한 환경 구축,32 ④ 공동체 가치를 중시하는 전북형 학교협동조합 모델 개발과 활성화 지원 방안, ⑤ 학교자치 활성화를 위한 학부모교육과 지원 방안 등 5개 의제를 다루었다. 주요 성과는 제3 의제에서 '전라북도 교육거버넌스 구축 및 활성화에 관한 조례' 제정2019.8.9., 제5 의제에서 '전라북도 학교자치 조례' 제정2019.2.1.과 '전라북도교육청 학교 학부모회 설치·운영에 관한 조례' 개정2017.6.2. 등이었다.

2기 위원회2018.9.1.~2020.8.31.는 ① 학교급식 안정성 확보를 위한 GMO 식품 배제 방안, ② 다문화가족지원센터 기반 교육/복지 활성화 방안, ③ 교육거버넌스 조례 실효성 확보 방안 등 3개 의제를 다루었다. 주요 성과는 제2 의제에서 교육청 다문화교육진흥위원회를 다문화교육거버넌스로 전환, 제3 의제에서 교육거버넌스위원회 구성 등이었다.

---

32 제3 의제위원회는 전북형 교육거버넌스의 기대효과를 다음과 같이 제시하였다.
(1) 타 시도보다 선도적 위치와 위상을 갖게 됨. (2) 교육청(교육자치)과 일반행정(자치단체), 지역사회 구성원(시민 교육단체와 전문가)의 참여 확대로 교육정책의 신뢰와 투명성을 확보. (3) 교육문제를 교육의 이해당사자뿐만 아니라 지역사회 구성원 모두의 문제로 인식시켜 지역사회 구성원 모두가 교육공동체로 인식하는 계기를 마련. (4) 공통된 지역을 기반으로 하기에 공동체 구성 주체로서 상호 협력관계를 형성하고 지역교육에 대한 지역주민의 참여와 관심을 높여 지역사회 교육 발전에 시너지 효과를 극대화할 것임. (5) 지역 특성과 환경에 따른 특성화된 교육 브랜드 창출이 쉽고, 그로 인해 지역경제 활성화를 기대할 수 있고, 지역사회의 다양한 문제 해결에서도 긍정적 영향력을 미침.

전라북도 교육거버넌스위원회는 의제 선정 과정을 개선하였다. 즉 ① 교육거버넌스위원, 관련기관과 민간단체, 도민 등으로부터 의제 제안을 받은 다음, ② 운영위원회가 제안자·소관부서의 의견을 듣고 전체회의 상정 여부를 결정해 상정하면, ③ 체회의에서 의제 선정 여부를 심의해 결정하였다.

이러한 절차에 따라 1기 위원회는 ① 소규모학교 지역통합교육과정을 위한 '마을교육지원센터' 설립과 운영 지원, ② 비유전자변형Non-GMO 식재료 제공으로 안전하고 건강한 학교급식 실현, ③ 스카우트 고유문화 이해와 행정의 적절한 지원체계 마련, ④ 전북형 학교문화예술교육 모델 개발 등 4개 의제를 선정하였다. 주요 성과로 '전라북도 마을교육활성화 지원에 관한 조례' 제정 제안이 있다.

6. 분석

경기도, 광주광역시, 인천광역시, 충청북도, 전라북도의 교육거버넌스 운영 사례를 의제 설정의 측면에서 평가하면 다음과 같다.

의제 공모를 통해 의제 발굴과 선정부터 시민참여를 보장하고, 민주 절차를 통해 의제를 채택함으로써 교육거버넌스의 본질에 충실해야 한다.

인천광역시, 전라북도는 의제 제안이나 공모를 통해 의제를 발굴하고 의사결정 구조를 통해 결정하였고, 나머지 시도교육청은 의제 영역별 위원회를 설치해 해당 의제를 다루는 방식으로 의제 설정을 하였다. 경기도는 규칙을 개정해서 분과위원회의 의제를 변경하는 방식이어서 변화하는 시대 환경과 교육에 맞는 의제 설정을 신속하고 유연하게 하는 데 한계가 있다.

현실적으로 광역수준 교육거버넌스가 의제 발굴, 정책 수립을 바탕으로 중장기 교육계획 수립을 힘있게 추진하기 어려운 것은 선출직 교육감이 성과 중심의 공약 사업을 하게 되기 때문이다.

"매니페스토 때문에 교육감 공약 달성이 중요한데 공약 숫자가 엄청 많다. 교육감 공약을 집행하기도 벅찬데 국정과제와 일상적 학교교육이 있으니 일이 벅차게 많다. 교육도 정치다. 정책과 사업이 정치 논리에 따라 움직인다. 얼마나 성과를 내느냐가 중요하다. 학생에게 미치는 영향 등 교육적 성과가 중요하지만, 이건 수치로 잘 드러나지 않는다. 현실적으로 교육감 지지도, 인지도에 얼마나 도움이 되느냐도 중요하다."

_ '마' 인터뷰 대상자

의제 발굴과 선정 방식에서는 의제 공모를 통해 의제를 설정하고, 포럼·정책토론회·콘퍼런스 등의 공론화 과정을 통해 정책대안을 모색한 인천광역시 미래교육위원회와 전라북도 교육거버넌스위원회의 방식이 가장 바람직하다고 할 수 있다.

4절 종합 분석

종합 분석을 위해 기준별 유형을 [표 4-12]와 같이 구분하고 분석틀을 구안하였다. 각 기준별 유형에서 가장 바람직한 유형은 교육청-지자체-시민 참여형, 전체 정책과정형, 호선형 위원장 선임, 최고의결권자 참여형, 혼합형 시민참여, 균형적 거버넌스형이라고 할 수 있다.

광역수준 교육거버넌스를 위 분석틀을 기준으로 분석하면 [표 4-13]과 같다.

거버넌스 참여 주체 기준으로는 전라북도 교육거버넌스위원회가 교육청/교육지원청, 도청, 도의회, 시·군청, 시·군의회, 학교, 시민사회가 모두 참여하는 '교육청-지자체-시민참여형'으로 가장 바람직하고, 기초 지방자치단체 정부와 의회를 제외한 모든 참여 주체가 모두 참여하고 있는 경기교육주민참여협의회도 바람직하고, 교육청 단독형인 광주광역시, 인천광역시, 충청북도는 개선이 요구된다.

위원장 선임 방식으로는 교육감과 선출 민간 위원장이 공동 위원장을 맡는 호선형의 인천광역시가 가장 바람직하고, 위촉 형인 경기도와 충청북도는 호선형으로 개선할 필요가 있다.

의결권자 참여 수준으로는 최고의결권자인 교육감이 참여하는 최고의결권자 참여형의 인천광역시와 전라북도가 바람직하고, 특히 전라북도는 도청과 기초 지방자치단체의 실·국장 등

[표 4-12] 교육거버넌스 분석틀

구 분	유 형
거버넌스 참여 주체 기준	• 교육청-지자체-시민 참여형 : 교육청과 지방자치단체(정부, 의회)와 시민이 참여하는 경우 • 교육청-지자체 협력형 : 교육청과 지방자치단체(정부, 의회)가 공동으로 참여하는 경우 • 교육청 단독형 : 교육청과 시민이 참여하는 경우(지방의회 포함)
정책과정 참여 기준	• 전체 정책과정형 : 의제설정-정책결정-정책실행-정책평가 • 정책결정 참여형 : 정책결정-정책실행-정책평가 • 정책실행 제외형 : 의제설정-정책결정-정책평가 • 정책평가 중심형 : 정책평가
위원장 선임 방식	• 호선형 : 위원 중 선출 • 위촉형 : 위원 중 위촉
의결권자 참여수준 기준	• 최고의결권자 참여형 : 교육감, 광역자치단체장(광역시장, 도지사) • 중간의결권자 참여형 : 국장급 • 실무의결권자 참여형 : 과장급
시민참여 방식 기준	• 혼합형 : 네트워크 참여형+개방형 • 개방형 : 공모를 통한 선발 • 네트워트 참여형 : 시민사회단체, 교육관련단체 등을 통한위촉
기초수준 거버넌스 설치 기준	• 균형적 거버넌스형 : 기초수준 거버넌스 설치 • 분리적 거버넌스형 : 기초수준 거버넌스 미설치 또는 별도 규정과 체계로 설치

[표 4-13] 광역수준 교육거버넌스 분석

구분	경기교육 주민참여협의회	광주교육 시민참여단	인천광역시 미래교육위원회	충청북도교육청 미래교육협력위원회	전라북도 교육거버넌스위원회
거버넌스 참여주체 기준	교육청+지자체+시민 참여형 : 교육청+도청+도의회+시민사회	교육청 단독형 : 교육청+시의회+시민사회	교육청 단독형 : 교육청+시의회+시민사회	교육청 단독형 : 교육청+도의회+시민사회	교육청+지자체+시민 참여형 : 교육청+도청+도의회+시군청+시군의회+학교+시민사회
위원장 선임 방식	위촉형 : 도지사와 협의해 교육감 위촉	호선형 : 위촉위원 중 호선	호선형 : 공동위원장 교육감/민간공동위원장(위원 중 호선)	위촉형 : 위원 중 위촉	호선형 : 위원 중 호선
의결권자 참여 수준 기준		중간의결권자 참여형 : 정책국장, 담당부서장, 기관장	최고의결권자 참여형 : 교육감, 전체 국장	중간의결권자 참여형 : 부교육감, 전체 국장	최고의결권자 참여형 : 교육감, 교육청과 도청의 실국장급 2명, 기초지자체 실국장급 2명
시민참여 방식 기준	혼합형 : 교육감 임명(위촉/추천, 공모)	혼합형 : 교육감 위촉(공모, 추천)	혼합형 : 교육감 위촉(추천, 공모)	교육감 위촉	혼합형 : 교육감 위촉(공모, 위촉)
정책과정 참여 기준	정책실행 제외형 : 의제 설정-정책 수립-정책평가	정책실행 제외형 : 의제 설정-정책 수립-정책평가	정책실행 제외형 : 의제 설정-정책 수립-정책평가	정책실행 제외형 : 의제 설정-정책 수립-정책평가	정책실행 제외형 : 의제 설정-정책 수립
의제 영역	특정 의제	전반 의제	전반 의제	전반 의제	전반 의제
기조 수준 거버넌스 설치 기준	균형적 거버넌스형 : 지역교육주민 참여협의회	비균형적 거버넌스형 : 없음	비균형적 거버넌스형 : 없음	균형적 거버넌스형 : 교육자원화 위원회	균형적 거버넌스형 : 교육자원화 교육거버넌스위원회
조직	분과위원회	없음(시민참여담당단→ 광주시민교육협치총괄)	운영위원회, 분과위원회, 특별기구, 지문위원	이계별 위원회	운영위원회, 분과위원회
전담부서	없음	있음	없음	있음	있음

중간 의결권자도 참여해 가장 바람직하다. 나머지 교육거버넌스는 교육청 실·국장급이 참여한 중간의결권자 참여형인데, 충청북도는 최고 의결권자인 교육감을 대신해 부교육감이 참여하는 게 특징이다.

시민참여 방식 기준으로는 충청북도를 제외하고 교육 관련 네트워크^{시민사회단체, 교육 관련 단체 등}를 통한 위촉과 공모를 통한 선발을 병행하는 혼합형이다.

정책과정 기준으로는 모든 교육거버넌스가 정책실행에는 참여하지 않고 의제 설정, 정책 수립, 정책평가에만 참여하는 정책실행 제외형으로^{전라북도는 정책평가에도 참여하지 않고 있음} 협력적 교육거버넌스가 되기 위해 정책실행에도 참여하도록 개선할 필요가 있다.

의제 영역에서는 인천광역시와 전라북도는 의제 공모 과정을 거쳐 의제를 선정하고, 경기도와 광주광역시와 충청북도는 특정 의제별 분과위원회를 설치하도록 규정하고 있어서 사실상 특정 의제로 제한하고 있다.

기초 지방자치단체 수준의 교육거버넌스 설치 기준으로는 경기도와 충청북도와 전라북도는 교육지원청 수준의 위원회를 두도록 명문화해 균형적 거버넌스를 지향한다. 광주광역시와 인천광역시는 기초 지방자치단체 수준의 교육거버넌스 설치를 명문화하지 않았다.

전담부서는 경기도와 인천광역시를 제외하고 모두 두도록 명문화하였고, 광주광역시의 경우 부서 수준^{시민참여담당관}에서 독립 기관^{광주시민교육협치진흥원} 수준으로 발전시켰다. 아직 교육 거버넌스가 시작단계인 점을 고려해 체계적이고 지속적인 지원을 위한 전담부서를 설치하고 거버넌스 전문가를 발굴, 양성할 필요가 있다.

5장

장

결 론

1절 미래교육을 위한
광역수준 교육거버넌스 모델

미래교육을 위한 광역수준 협력적 교육거버넌스가 구축되려면 균형적 거버넌스가 전제되어야 한다.

1. 균형적 교육거버넌스 모델

균형적 교육거버넌스는 미래교육을 지향하는 국가, 지역^{광역,} ^{기초}, 생활권 수준별 거버넌스의 독자 구축을 모색하는 가운데 수준 간 상호작용과 의사소통을 통해 교육공동체 관점, 거버넌스 규범의 목표, 미래교육의 대의명분을 공유하고 조정과 협력의 네트워크에서 견제와 균형을 이루는 거버넌스를 말한다.

수준 간 상호작용과 의사소통을 통해 견제와 균형을 이루는 균형적 교육거버넌스 모델은 [그림 5-1]과 같다.

국가수준 교육거버넌스는 이미 설치된 국가교육위원회이고, 광역수준에서는 시도교육청, 시도청, 시도의회, 학계, 시민사회, 기초수준 교육거버넌스 대표가 동등하게 참여하는 협력적 교육거버넌스가 구축되어야 한다. 광역수준 교육거버넌스에는 국가교육위원회처럼 전문위원회와 특별위원회를 둔다.

전문위원회는 마을교육공동체, 교육복지, 청소년, 평생학습처럼 이미 거버넌스가 구축되어 있거나 구축되어야 할 시급한 의제를 중심으로 설치하고, 관련 중장기 계획과 연도별 계획을 수립함으로써 정책을 수립·실행·평가한다.

특별위원회는 기한을 정해 다루어야 할 의제를 중심으로 분

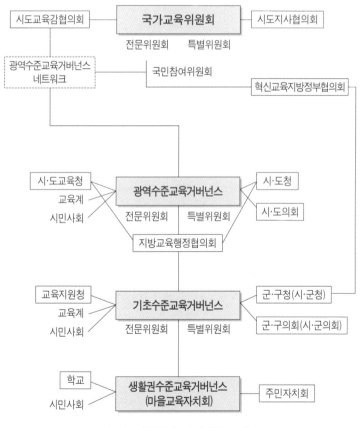

[그림 5-1] 균형적 교육거버넌스 모델

과위원회를 설치해 정책을 수립·실행·평가한다.

현재 교육자치법에 따라 설치된 지방교육행정협의회는 광역수준 교육거버넌스의 전문위원회를 통해 소관 사무를 처리하고, 장기적으로는 거버넌스 관련 법률을 제·개정해 광역수준 교육거버넌스로 통합하는 것이 바람직할 것이다.

경기도의 경우, 교육자치법이 광역 지방자치단체마다 조례를 제정해 설치하도록 규정한 지방교육행정협의회를 교육거버넌스로 기능하도록 시도하였으나 입법 취지가 다르고 서로 다른 위상과 역할의 기구여서 바람직한 방식은 아닌 것으로 보인다.

또한, 시도교육감협의회 산하에 각 시도 교육거버넌스가 참여하는 광역수준 교육거버넌스 네트워크를 두어 국가교육위원회의 전문위원회와 특별위원회, 특히 국민참여위원회에 참여해 의견을 개진함으로써 국가교육위원회가 국가교육발전계획을 일방적으로 수립하지 않도록 상호작용할 필요가 있다.

기초수준 교육거버넌스도 광역수준 교육거버넌스처럼 전문위원회와 특별위원회를 구성하고, 각 위원회 대표가 광역수준 교육거버넌스의 해당 위원회에 참여함으로써 균형적 교육거버넌스를 이룬다.

혁신교육지구 관련 조례를 두어 마을교육공동체운동을 적극 추진하는 기초 지방자치단체로 구성된 혁신교육지방정부협의회는 국가교육위원회의 소관 전문위원회에 적극 참여해 국가교육위원회와 기초수준 교육거버넌스를 유기적으로 연결할 필요가 있다.

생활권수준 교육거버넌스에는 광역과 기초수준 교육거버넌스 전문위원회와 특별위원회에 상응하는 상설 위원회를 설치하기에 인력과 자원이 부족할 수 있으므로 소관 분과나 팀, 업무 담당 등을 통해 유기적으로 연결되도록 한다.

2. 광역수준 협력적 교육거버넌스 모델

협력적 교육거버넌스의 핵심은 정책과정 전반에 걸쳐 동등한 참여가 실제 가능한 체계를 설계하고 실현하는 것이다. 정책과정 전반에 걸친 동등한 참여가 가능한 광역수준 협력적 교육거버넌스 모델은 [그림 5-2]와 같다.

공동위원장은 교육감, 시장/도지사, 시도의회 의장, 시민대표로 구성함으로써 협력적 교육거버넌스가 실질적으로 작동할 수 있도록 한다. 시민대표는 민간위원 가운데 호선한다.

운영위원회는 시도교육청과 시도청의 소관 업무 국장, 시도의회 의원, 기초지방자치단체장협의회와 기초지방자치의회 의장협의회 추천인, 전문위원회 각 위원장, 특별위원회 각 위원장, 각 기초수준 거버넌스 민간대표로 구성한다. 운영위원회는 전체회의 상정 안건 심의, 전문위원회와 특별위원회의 분과 설치 등 광역수준 협력적 교육거버넌스의 운영에 필요한 제반 사항을 심의한다.

기획위원회는 운영위원회 추천을 거쳐 공동위원장이 위촉하며, 운영위원회 안건을 준비하고 전문위원회와 특별위원회의 운영 지원, 새로운 의제 발굴과 분과 설치 제안 등을 담당한다.

전문위원회는 마을교육공동체분과, 교육복지분과, 청소년분과, 평생학습분과 등 현재 중복되거나 분리된 정책을 추진하고 있어서 거버넌스가 시급한 의제를 중심으로 분과위원회로 구성한다.

특별위원회는 현안 의제를 중심으로 기한을 정해 분과위원회를 구성하며, 기획위원회의 의제 발굴과 분과 설치 제안에 따라 운영위원회 의결을 거쳐 분과위원회를 구성하며, 평가를 통해 분과 설치 목적을 달성했다고 판단되면 폐지한다.

전문위원회와 특별위원회 위원으로 위촉위원과 공모위원으

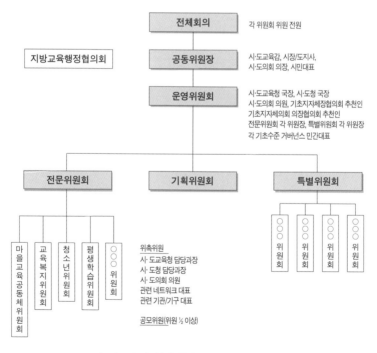

[그림 5-2] 광역수준 협력적 교육거버넌스 모델

로 구성하며, 민간부문의 동등한 참여를 보장하기 위해 공모위원이 전체 위원의 1/2 이상이 되도록 한다. 위촉위원은 시도교육청과 시도청의 담당과장, 시도의회 의원, 관련 네트워크 대표, 관련 기관·기구 대표를 위촉한다. 공모위원은 별도의 선발 기준을 마련해 투명하고 공정하게 선발한다.

　　협력적 거버넌스를 실현하려면 협력적 거버넌스의 속성을 잘 이해하고 설계해 공공부문과 민간부문의 다양한 참여자 네트워크가 참여하도록 해야 한다. 협력적 거버넌스의 핵심 구성요소는 네트워크 거버넌스이다. 따라서 협력적 교육거버넌스의 설계단계부터 공공부문과 민간부문의 교육 이해관계자 네트워크에 대한 이해와 현황 파악이 필요하다.

　　이를 위해서 정책과정 전반에 걸친 교육 이해관계자 네트워크 맵핑이 필요하다. 즉 정책과정에 현재 참여하거나 참여해야할 네트워크를 모두 발굴해서 참여하도록 해야 한다. 이를 위해 시도청과 시도교육청의 위원회 현황을 파악해 활성화를 모색하는 가운데, 각 위원회에 참여하는 네트워크도 파악해 개선함으로써[33] 광역수준 협력적 교육거버넌스의 전문위원회와 특별위원회와 연계될 수 있도록 한다.

---

[33] 인천광역시교육청은 2022년 9월 현재 104개 위원회를, 인천광역시는 2021년 3월 현재 247개 위원회를 설치·운영한다. 대부분 법령, 조례에 따라 의무적으로 설치해야 하는 위원회이다. 각 위원회 위원 구성을 대체로 소관부서의 판단에 따라 진행하고 있어서 각 위원회에 참여하는 관련 네트워크 현황을 평가하고 개선할 필요가 있다.

미래교육과 거버넌스

3. 균형적 교육 발전계획 수립 모델

국가교육위원회는 10년마다 관계 중앙행정기관과 지방자치단체, 교육·연구기관과 교육 관련 기관·단체 등의 의견을 수렴해 국가교육발전계획을 수립해야 한다. 현재 2026년부터 시행하는 첫 번째 국가교육발전계획을 수립할 방침이다. 국가교육위원회는 계획에 담을 비전과 정책 범위를 확정하고, 연구 용역과 전문가 논의 등을 거쳐 2024년 9월까지 시안을 마련하고, 공청회 등을 통해 사회적 합의를 거쳐 2025년 3월 첫 국가교육발전계획을 발표할 예정이다.

이렇게 국가교육발전계획을 발표하면, 관계 중앙행정기관의 장과 지방자치단체의 장은 국가교육발전계획에 따라 연도별 시행계획을 수립·추진하고 그 실적을 매년 국가교육위원회에 보고해야 한다. 균형적 거버넌스가 실현되기 위해서는 국가교육발전계획을 수립하는 과정에서 광역수준과 기초수준 협력적 교육거버넌스가 광역수준과 기초수준의 교육 발전계획을 수립해 국가교육발전계획에 반영할 수 있어야 한다(그림 5-3).

또한, 국가교육위원회 설치와 국가교육발전계획 수립의 취지와 목적을 생각할 때, 광역과 기초 지방자치단체와 교육청이 따로 연도별 시행계획을 작성하기보다 광역수준 협력적 교육거버넌스가 연도별 시행계획을 수립해 추진하는 것이 바람직하다.

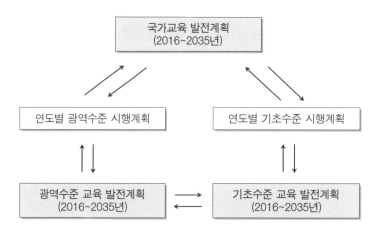

[그림 5-3] 균형적 교육 발전계획 수립 모델

미래교육과 거버넌스

2절 평가와 제언

앞서 살펴본 바와 같이 교육자치와 일반자치의 통합, 민간부문의 참여 확대를 통해 협력적 지역교육거버넌스를 구축하려는 노력은 전국에서 꾸준히 이루어졌다. 협력적 지역교육거버넌스 운영 실태의 성과와 한계를 평가하면 다음과 같다.

첫째, 협력적 지역교육거버넌스는 아직 초보 단계이다.

현재 조례를 통해 지역교육거버넌스를 설치한 시도는 인천광역시·광주광역시·전라북도이고, 경기도는 교육행정협의회 산하 기구로 거버넌스 성격의 지역교육주민참여협의회를 두었다.

혁신교육지구 중심으로 기초수준의 지역교육거버넌스는 활발하게 이루어지고 있는데, 생활권수준 거버넌스를 시도하면서 참여적 거버넌스 수준에서 협력적 거버넌스로 발전하려고 노력하는 중이다.

중앙부처마다의 정책 추진으로 사업 중복과 낭비가 발생해 거버넌스 필요성이 제기되는 교육복지분야도 관련 조례를 근거로 거버넌스를 운영하는 지방자치단체는 서울특별시과 부산광역시, 부천시뿐이다.

둘째, 거버넌스 논의와 실천이 진영논리에 갇혀있고, 미래교육을 위해 협력적 교육거버넌스가 반드시 구축되어야 한다는 공감대가 부족하다.

교육거버넌스는 진보성향의 교육감이 추진하였고, 충청북도는 보수성향의 교육감이 취임하면서 조례 개정을 통해 자문기구로 성격을 바꾸었다. 법적 근거가 확실하지 않은 상황에서 교육거버넌스의 설치와 활성화는 거의 교육감 의지에 달려 있다. 구조뿐만 아니라 운영방식의 대전환을 요구하는 교육거버넌스가 정착되려면 교육거버넌스에 관한 인식과 이해가 있어야 하는데, 시민은 물론 교육 종사자교육청, 학교, 교육기관 등도 거버넌스에 관한 기본 이해조차 없는 게 현실이다. 이 같은 한계를 극복하려면 거버넌스 교육이 필요한데, 관련 교육이 거의 이루어지지 않는다.

셋째, 지역교육거버넌스의 기능과 역할, 구조와 운영방식이 서로 다르다.

이는 교육거버넌스 관련 법률이 제정되지 않아 시도마다 나름의 조건과 인식에 따라 추진하였기 때문이다. 또한, 이는 교육거버넌스 논의가 충분히 이루어지지 않는 상황을 반영한다. 이론 수준의 논의도 좀 더 치밀하게 진행되어야 하고, 이미 추진한 시도교육청의 경험에 관한 평가와 성찰이 공동으로 이루어질 필요가 있다.

이상 살펴본 바와 같이 협력적 지역교육거버넌스는 아직 초보단계이고, 거버넌스 논의와 실천도 부족하다. 아울러 지역교육거버넌스의 구조와 운영방식이 서로 다른 것도 협력적 지역교육거버넌스의 발전을 막는 한계라고 볼 수 있다. 따라서 협력적 교육거버넌스 정착과 활성화를 위해 다음과 같이 제언한다.

첫째, 지역교육거버넌스에 관한 법률을 제정해야 한다. 현재 관련 법률이 없어서 시도교육청이 조례를 근거로 거버넌스를 설치하였지만, 그 위상이 불확실하고 구현 방식이 서로 다르다.

국가 수준의 거버넌스로서 국가교육위원회가 국가교육위원회법에 근거해 출범하였으니, 이를 뒷받침할 거버넌스 관련 법률 조항 신설의 당위성이 생겼다.

아울러 국가교육위원회는 2016년부터 시행할 국가교육발전계획을 관계 중앙행정기관과 지방자치단체 등의 의견을 수렴해 수립할 예정이고, 관계 중앙행정기관의 장과 지방자치단체의 장은 연도별 시행계획을 수립·추진하고 그 실적을 보고해야 한다. 이 같은 과정을 교육거버넌스를 통해 진행하려면, 지역교육거버넌스 관련 법률 제정과 광역·기초 수준의 교육거버넌스 설치가 이루어져야 한다.[34]

---

[34] 지방 교육자치의 실현과 실질적인 교육 권한 배분을 위해서 우선 관련 법령의 정비가 이루어져야 하고, 일반자치와 교육자치가 분리된 체제 아래서 실제적 연계 협력이 활성화되고 좀 더 실질적인 생활권역·문화권역에서 교육자치, 지역교육거버넌스가 작동할 수 있도록 관련 법령과 제도를 적극 검토하고 개선해야 한다(유경훈, 2022, 18).

교육기본법의 '제2장 교육당사자'에 교육거버넌스 관련 조항을 신설하는 등의 방법으로 지역교육거버넌스의 법적 근거를 마련할 필요가 있다(밑줄 내용은 국가교육위원회법 제1조 목적에서 인용).

제○○조(교육거버넌스) 국가와 지방자치단체는 <u>교육정책의 사회적 합의에 기반하여 안정적이고 일관되게 추진되도록 함으로써 교육의 자주성·전문성 및 정치적 중립성을 확보하고 교육발전에 이바지하기 위해</u> 교육거버넌스를 설치할 수 있다.

둘째, 지역교육거버넌스 활성화를 위한 시도교육감협의회의 관심과 노력이 필요하다. 이미 교육거버넌스를 설치한 시도교육청부터 지역교육거버넌스 네트워크를 구성하고 상호 교류^{공동 워크숍, 세미나 등}를 통해 지역교육거버넌스를 질적·양적으로 발전시켜나가야 한다.

'사회 각계의 의견을 폭넓게 수용하고 시민참여와 사회적 합의에 기반하여 그 소관 사무를 추진하기 위해' 설치한 국가교육위원회 국민참여위원회와 긴밀한 상호 교류를 통해 국가 수준과 광역·기초 수준의 교육거버넌스를 이어주는 기능을 담당하면 좋을 것이다.

셋째, 이미 시도청과 교육청 간의 행정협력기구로 설치·운영하는 교육행정협의회를 실질적인 참여적 지역교육거버넌스로 발전시켜 장기적으로 광역수준 협력적 교육거버넌스로 통합할 필요가 있다.

이를 위해 시도청과 교육청의 행정협력기구에 시도의회가 참여하는 현재 수준을 넘어 협의회가 다루는 협의 사항 관련 민간부문 네트워크나 기관을 참여시킬 필요가 있다.

넷째, 거버넌스 정착과 활성화를 위한 지역교육 메타거버넌스가 필요하다.

시도청은 이미 2016년 서울특별시를 시작으로 9개 광역과 38개 기초 지방자치단체가 민관협치 활성화 조례를 제정하고 민관협치기구협의회, 위원회, 회의 등를 운영하고 있다(2023년 4월 현재). 이들 기구는 3~5년 주기로 민관협치 활성화 기본계획과 연도별 계획을 수립해 시행하고 있다. 광역 지방자치단체 산하 각종 위원회를 활성화하기 위한 거버넌스의 거버넌스, 메타거버넌스인 셈이다.

지역교육거버넌스 활성화를 위해서도 메타거버넌스가 필요하다.[35] 지역교육 메타거버넌스는 협력적 거버넌스의 실질 구축을 위해 당면한 문제 해결을 위한 상호협력체계와 의사결정 방안, 다양한 주체의 협력을 끌어내는 운영관리전략과 환경조건을 마련해야 한다. 또한 협력적 거버넌스에서 협력을 가능하게 하

---

[35] 인천광역시만 하더라도 교육복지·마을교육공동체 등의 분야에서 해당 지역교육거버넌스가 요청 또는 추진되고 있고, 인천광역시교육청 산하에 104개 위원회가 존재한다 (2022.9.1. 현재). 이 위원회 중에서 교육거버넌스를 지향하는 위원회를 구분하고 그 활성화를 위해 노력해야 한다.

는 이해당사자의 참여방식과 구조를 제도적으로 명확하게 하고, 협력 과정 절차의 명세화와 작동 기제를 마련할 필요가 있다.

다섯째, 스마트 교육거버넌스를 실현하기 위한 시도가 필요하다.

이미 정부, 국회, 광역 지방자치단체 차원에서 전자민주주의를 위한 다양한 시도가 있었지만, 정책과정 중에서 의제 설정과 정책 수립 단계에만 집중되었다. 정책과정의 모든 단계에 공개적이고 투명하게 참여할 수 있도록 교육거버넌스 플랫폼 구축이 필요하다.[36] 현재 교육거버넌스 운영에서 정책집행 참여가 이루어지지 않는 실정을 고려할 때, 스마트 교육거버넌스의 실현은 정책과정 전반에 시민이 참여하는 기회를 제공할 수 있어서 시급하고 과감한 도입이 필요하다.

여섯째, 협력적 거버넌스에 관한 이론과 실천 교육이 필요하다.

참여자들조차 거버넌스를 제대로 이해하지 못해 각종 위원

---

[36] 플랫폼은 다수 참여자가 서로의 필요를 충족하기 위해 모여 공정한 거래를 통해 가치를 교환할 수 있도록 구축된 환경으로, 상호작용을 통해 참여자 모두에게 새로운 가치와 혜택을 주는 상생의 생태계를 지향한다(안영삼, 2020, 10-12). 시민주도의 문제발굴과 일상적인 민관협업구조를 지향하는 플랫폼의 건강한 생태계는 ① 시민 주체가 해결하고 싶은 지역사회 문제를 언제든 업데이트하고 플랫폼을 통해 지역의 공공자원과 연결해 실질적 해결방법으로 연결하고, ② 지역사회를 기반으로 사회공헌, 사회적 가치 구현 활동을 하고자 하는 행정이나 공공기관이 시민의 요구를 발견하고, ③ 시민 주체와 함께 지역사회에서 사회공헌 활동, 사회적 가치 발현으로 이어지는 활동까지 연결하는 것이다.

회를 통해 계층제 거버넌스의 의사결정체계를 보완하는 방식으로 거버넌스를 이해하고 참여해온 게 현실이다. 이러한 이해 부족은 민관 갈등의 원인이기도 하다. 거버넌스는 패러다임이고 민주주의의 진화이며, 더 나은 세상을 위한 운동이기에 주체 형성을 위해 반드시 거버넌스 교육이 이루어져야 한다.[37]

이번 연구는 다음과 같은 한계를 가진다.

첫째, 각 교육청 홈페이지 등 인터넷 검색을 통해 연구 자료를 수집하였기 때문에 연구 협조가 가능했던 인천광역시교육청을 제외하고는 비공개 내부 자료 내용을 다루지 못하였다.

둘째, 여러 시도에서 다양한 방식으로 광역수준 교육거버넌스가 시도되었기 때문에, 그 운영 실태를 정확히 파악하고 개선방안을 제시하기 위해서는 인터뷰 대상자를 해당 교육거버넌스 관계자로 확대해야 했으나, 여건상 섭외와 연구 진행이 가능한 인천광역시 교육거버넌스 참여자로 제한하였다.

후속 연구를 통해 이번 연구에서 포함하지 못한 사례와 자료, 핵심 관련자의 체험이 추가되어 보완될 것을 기대한다.

---

[37] 거버넌스 교육은 거버넌스 이론과 실행에 관련된 원리와 가치를 체계적으로 학습하는 것이며, 그 핵심 내용은 ① 거버넌스교육이 왜 필요한가(거버넌스교육의 필요성), ② 거버넌스란 무엇인가(거버넌스의 정체), ③ 거버넌스를 어떻게 운영할 것인가(거버넌스 운영방법), ④ 거버넌스를 어떻게 성공시킬 것인가(거버넌스 성공조건)이다. 거버넌스 교육의 목표는 거버넌스 참여 행위자 간에 구축한 신뢰와 파트너십을 바탕으로 각종 공공문제를 좀 더 효율적이고 효과적으로 해결하고 나아가 시민참여를 통한 민주주의의 질적 발전을 이루는 것이다(이형용 외, 2021, 77-78).

참고문헌

1. 단행본

김용련(2019).《마을교육공동체-생태적 의미와 실천》. 도서출판 살림터.

이명석(2017a).《거버넌스 신드롬》. 성균관대학교 출판부.

이형용, 박상필(2021).《거버넌스교육론》. 도서출판 휴머니즘.

홍순구, 김나랑, 유승의, 이태헌, 이새미, 안순재(2020).《스마트 거버넌스 – 정책과정의 혁신》. 교육과학사.

2. 논문

김나영(2020). 전국 혁신교육지구 운영 현황: 서울형혁신교육지구를 중심으로. https://edpolicy.kedi.re.kr/frt/boardView.do?strCurMenuId=69&nTbBoardArticleSeq=825961.

김용(2022). 국가교육위원회의 자리잡기와 교육부의 슬기로운 변화. 〈교육정책포럼〉 통권 347호. 한국교육개발원.

김용련(2020). 미래교육과 마을교육공동체 전망. 〈교육정책포럼〉 통권 322호. 한국교육개발원.

김용련, 양병찬, 정바울, 김성천, 황준성, 유경훈, 홍지오(2021). 지속가능한 교육청-지자체 협력체제 구축을 위한 제도적 지원방안 연구. 교육부·한국외국어대학교.

김용련, 이길재, 신철균, 차지철(2020). 지역사회 교육거버넌스 실태 분석 및 발전 방안 연구. 국가교육회의.

김태정(2023). 마을교육공동체의 교육거버넌스. 제10회 2030인천미래교육포럼 자료집. 인천광역시 미래교육위원회.

신현석(2023). 지역기반 교육거버넌스의 과제와 전망. 제10회 2030인천미래교육포럼 자료집. 인천광역시 미래교육위원회.

신현석(2022). 미래교육을 준비하는 새로운 교육거버넌스. 〈교육정책포럼〉 통권 347호. 한국교육개발원.

신현석(2011). 지방교육의 협력적 거버넌스 구축을 위한 쟁점 분석과 설계방향 탐색. 〈교육행정학연구〉 제29권 제4호.

신현석(2010). 교육거버넌스 갈등의 쟁점과 과제. 〈교육행정학연구〉 제28권 제4호.

신현석, 정양순, 윤기현(2018). 국가교육과정정책에서의 협력적 거버넌스 적용 : 쟁점과 과제. 〈교육행정학연구〉 제36권 제2호.

안영삼(2020). 사회혁신활동 촉진을 위한 플랫폼 구축방향. 희망이슈 51호. 희망제작소.

양병찬(2020). 지역과 함께 하는 교육, 교육협력거버넌스. 〈교육정책포럼〉 통권 322호. 한국교육개발원.

유경훈(2022). 유·초·중등 교육권한 배분에 따른 지역교육거버넌스의 변화와 과제. 〈교육정책포럼〉 통권 347호. 한국교육개발원.

이덕난, 유지연(2022). 국가교육위원회 출범의 의미와 과제. NARS 현안분석 제265호.

이명석(2021). 거버넌스 신드롬?: 한국 거버넌스 연구의 경향과 한계. 〈국정관리연구〉. 제16권 제3호.

이명석(2017b). 미래 행정수요와 거버넌스 변화. 〈한국행정연구〉 제26권 제4호.

최웅(2023). 교육거버넌스위원회의 필요성; 교육복지거버넌스를 중심으로. 제10회 2030인천미래교육포럼 자료집. 인천광역시 미래교육위원회.

3. 보고서

경기도교육청(2018). 2016~2017 경기교육주민참여협의회 백서. 경기도
교육청.

국가교육회의(2022). 제4기 국가교육회의 백서. 국가교육회의.

국가교육회의(2021). 제3기 국가교육회의 백서. 국가교육회의.

국가교육회의(2019). 제2기 국가교육회의 백서. 국가교육회의.

국가교육회의(2018). 국가교육회의 1주기 백서. 국가교육회의.

국제미래교육위원회(2022). 함께 그려보는 우리의 미래: 교육을 위한 새
로운 사회계약. 유네스코한국위원회.

시민참여담당관(2022). 2022년~2024년 광주광역시교육청 교육협치 활
성화 운영계획(안).

시민참여담당관(2021). 2021년 광주광역시교육청 교육협치 평가보고
서. 광주광역시교육청.

인천광역시교육청(2020). 인천광역시교육청 자치법규 업무 매뉴얼. 인
천광역시교육청 정책기획과.

인천광역시 미래교육위원회(2021). 제1기 인천광역시미래교육위원회
백서. 인천광역시교육청.

전라북도교육청(2020)(전라북도 교육발전 민관협력위원회). 지역사회
와 함께하는 전북교육 민관협력위원회 활동백서. 전라북도교육청.

정책기획조정관(2017). 제1기 인천행복교육협의회 평가 보고. 인천광역
시교육청.

4. 법령

국가교육위원회 설치 및 운영에 관한 법률(국가교육위원회법)(법률 제
18298호)

국가교육회의 설치 및 운영에 관한 규정(대통령령 제32392호)

지방교육자치에 관한 법률(교육자치법)(법률 제18841호)

5. 자치 법규

강원교육발전자문위원회 조례(강원도조례 제4903호)

강원도교육행정협의회 설치·운영에 관한 조례(강원도조례 제4117호)

경기도 교육재정 지원 및 협력에 관한 조례(경기도조례 제4992호)

경기도 교육협력 및 교육경비 보조에 관한 조례(경기도조례 제7544호)

경기도 민관협치 활성화를 위한 기본 조례(경기도조례 제7494호)

경기도 지역혁신교육포럼 설치 및 운영 조례(경기도조례 제6351호)

경기도교육자치협의회 설치 및 운영 조례(경기도조례 제4554호)

경기도교육행정협의회 설치·운영 조례 시행규칙(경기도교육규칙 제936호)

경기도교육행정협의회 설치·운영 조례(경기도조례 제6415호)

경기도교육행정협의회 설치·운영 조례(경기도조례 제6415호)

경상남도 교육정책협의회 운영 규칙(경상남도교육규칙 제813호)

경상남도 민관협치 활성화를 위한 기본 조례(경상남도조례 제5208호)

경상남도교육행정협의회 운영 조례(경상남도조례 제4309호)

경상북도 교육행정협의회 운영 조례(경상북도조례 제4091호)

광주광역시 교육행정협의회 설치·운영에 관한 조례(광주광역시조례 제5165호)

광주광역시 민관협치 활성화 기본 조례(광주광역시조례 제5501호)

광주광역시 복지협치 기본 조례(광주광역시조례 제5057호)

광주광역시교육청 교육협치 활성화 조례(광주광역시조례 제6067호)

광주교육발전자문위원회 규정(광주광역시교육훈령 제103호)

대구광역시 교육행정협의회 설치·운영 조례(대구광역시조례 제5109호)

대구미래교육정책자문위원회 구성 및 운영에 관한 규정(대구광역시교육훈령 제213호)

대전광역시 교육행정협의회 구성·운영에 관한 조례(대전광역시조례 제4771호)

대전광역시교육청 교육정책자문위원회 조례(대전광역시조례 제4914호)

부산광역시 교육격차 해소를 위한 민관협력 활성화 지원 조례(부산광역시조례 제5629호)

부산광역시 교육행정협의회 조례(부산광역시조례 제5116호)

부산광역시 민관협치 활성화를 위한 조례(부산광역시조례 제5931호)

부천시 교육복지 민관협력 활성화 조례(경기도 부천시조례 제3570호)

서울특별시 교육행정협의회 설치·운영에 관한 조례(서울특별시조례 제7436호)

서울특별시 교육·복지 민관협의회 설치 및 운영에 관한 조례(서울특별시조례 제5687호)

서울특별시 민관협치 활성화를 위한 기본 조례(서울특별시조례 제7046호)

서울특별시교육청 정책자문위원회 설치·운영 조례 시행규칙(서울특별시교육규칙 제943호)

서울특별시교육청 정책자문위원회 설치·운영 조례(서울특별시교육청조례 제8313호)

세종특별자치시 교육행정협의회 설치·운영에 관한 조례(세종특별자치시조례 제2055호)

울산광역시 교육행정협의회 조례(울산광역시조례 제1719호)

울산광역시 민관협치 기본 조례(울산광역시조례 제2348호)

인천광역시 교육행정협의회 설치·운영 조례(인천광역시조례 제6983호)

인천광역시 미래교육위원회 설치 및 운영에 관한 조례(인천광역시조례 제6704호)

인천광역시 민관협치 활성화 기본 조례(인천광역시조례 제6801호)

인천마을교육공동체 활성화 지원에 관한 조례(인천광역시조례 제6983호)

전라남도교육행정협의회 설치·운영에 관한 조례(전라남도조례 제5679호)

전라북도 교육거버넌스 구축 및 활성화에 관한 조례(전라북도조례 제4685호)

전라북도 교육거버넌스위원회 구성 및 운영 규칙(전라북도교육규칙 제861호)

전라북도 교육발전 민관협력위원회 설치 및 운영에 관한 조례(전라북도조례 제4714호)

전라북도 교육행정협의회 구성·운영에 관한 조례(전라북도조례 제4190호)

제주특별자치도 교육행정협의회 구성·운영에 관한 조례(제주특별자치도조례 제3360호)

제주특별자치도 민관협치 활성화를 위한 조례(제주특별자치도조례 제2943호)

충청남도 교육행정협의회 구성·운영 등에 관한 조례(충청남도조례 제4466호)

충청남도 민관협치 활성화를 위한 기본 조례(충청남도조례 제4762호)

충청남도미래교육자문위원회 운영 조례(충청남도조례 제4466호)

충청북도 교육행정협의회 구성·운영에 관한 조례(충청북도조례 제4881호)

충청북도교육청 교육정책자문위원회 설치 및 운영에 관한 조례(충청북도조례 제4878호)

충청북도교육청 미래교육협치위원회 설치 및 운영에 관한 조례(충청북도조례 제4398호)

6. 웹 사이트

국가교육위원회 https://www.ne.go.kr/

국가교육회의 http://webarchives.pa.go.kr/19th/www.eduvision.
go.kr/

국가법령정보센터 https://www.law.go.kr/

서울특별시교육청 http://www.sen.go.kr/

부산광역시교육청 http://www.pen.go.kr/

대구광역시교육청 http://www.dge.go.kr/

인천광역시교육청 http://www.ice.go.kr/

광주광역시교육청 http://www.gen.go.kr/

대전광역시교육청 http://www.dje.go.kr/

울산광역시교육청 http://www.use.go.kr/

세종특별자치시교육청 http://www.sje.go.kr/

경기도교육청 http://www.goe.go.kr/

강원특별자치도교육청 http://www.gwe.go.kr/

충청북도교육청 http://www.cbe.go.kr/

충청남도교육청 http://www.cne.go.kr/

전라북도교육청 http://www.jbe.go.kr/

전라남도교육청 http://www.jne.go.kr/

경상북도교육청 http://www.gbe.kr/

경상남도교육청 http://www.gne.go.kr/

제주특별자치도교육청 http://www.jje.go.kr/

부록

인터뷰 질문

1. 당신이 경험한 거버넌스 활동은 무엇입니까? 광역수준 거버넌스 활동을 중심으로 말씀해주십시오.

2. 당신이 거버넌스 활동을 통해서 거둔 성과는 무엇입니까? 거버넌스 차원과 개인 차원의 성과를 말씀해주십시오.

3. 당신이 거버넌스 활동을 하면서 느꼈던 한계는 무엇입니까? 거버넌스 차원과 개인 차원의 한계를 말씀해주십시오.

4. 거버넌스 활성화를 위해 꼭 필요한 것이 무엇이라고 생각하십니까?

5. 거버넌스 활성화를 가로막는 것이 무엇이라고 생각하십니까?

6. 광역수준 교육거버넌스 활성화를 위한 제언을 해주신다면?

2030 인천미래교육 나침반
2030 인천미래교육 공동비전 선언문

인천광역시와 각 군 구, 인천광역시교육청은 교육혁신지구, 평생학습도시를 통해 지방자치와 교육자치의 교육협력을 추진해왔습니다. 이제 교육협력은 교육혁신지구를 넘어 미래교육지구로 발전을 모색하고 있습니다.

코로나19로 말미암아 원격교육이 자연스러워지고 새로운 양상의 교육격차가 발생하는 등 교육 전반에도 큰 변화가 일어나고 있습니다. 따라서 '미래교육'은 막연한 것이 아닌, 당장 우리가 구체적으로 고민해야 할 시급한 당면과제가 되었습니다.

〈2030 인천미래교육 공동비전선언〉은 인천미래교육 민관거버넌스인 인천광역시 미래교육위원회가 제안하고, 광역과 기초 지방자치정부와 의회가 함께 참여한 국내 최초의 선언입니다. 이 선언은 각급 단위들의 단순한 정책 협약을 넘어 2030년을 내다보며 공동비전, 인간상, 정책목표와 정책 협약을 함께 제시하고 있다는 데 더욱 큰 의의가 있습니다.

앞으로 우리는 〈2030 인천미래교육 공동비전선언〉을 나침반으로 하여 2030년까지 지방자치와 교육자치를 넘어 주민자치도 함께 실현하는 민관학 협치의 2030 인천미래교육을 반드시 완성해 낼 것을 다짐하며 다음과 같이 선언합니다.

우리는 2030 인천미래교육 비전으로 "행복한 배움, 다채로운 성장, 함께하는 인천교육"을 제시합니다.

하나. 학습의 주체가 배우면서 행복을 느끼는 '행복한 배움'을 이루겠습니다.

하나. 차이를 존중받으며 자기 뜻대로 성장하는 '다채로운 성장'을 이루겠습니다.

하나. 더 나은 교육을 위해 민관학이 '함께하는 인천교육'을 이루겠습니다.

2030 인천미래교육이 추구하는 인간상은 '즐겁게 배우는 자율적인 사람', '질문 능력을 가진 창의적인 사람', '인간다움을 갖춘 전인적인 사람', '공감능력을 가진 협력적인 사람'입니다.

'즐겁게 배우는 자율적인 사람'은 다양한 교육 환경에서 학습의 주체로서 즐겁게 배우며 건강하게 성장하는 사람입니다.

'질문 능력을 가진 창의적인 사람'은 호기심과 상상력을 기반으로 질문을 통해 초인지 능력과 창의적 사고력을 펼칠 수 있는 사람입니다.

'인간다움을 갖춘 전인적인 사람'은 인간 존엄을 바탕으로 인지적, 정서적, 신체적인 측면에서 교양 있고 건강하게 성장하는 사람입니다.

'공감 능력을 가진 협력적인 사람'은 성별·나이·지역 등 다양한 사회적 배경과 그로 인한 가치관의 차이를 이해하고, 타인의 감정과 상황에 긍정적으로 반응하고 경청하며, 더 나은 세상을 위해 더불어 살아가는 시민입니다.

우리는 이 같은 인천미래교육 비전과 인간상을 실현하기 위해 인천교육시민과 함께 다음을 실현하기 위해 함께 노력해나갈 것입니다.

하나, 교육불평등 해소를 위한 교육협력거버넌스를 구축하겠습니다.
  ○ 지역균형 발전을 위한 교육지원제도 개선과 확대
  ○ 학생 중심 교육복지 통합시스템 구축
  ○ 전문화, 세분화된 맞춤형 교육복지 실시
  ○ 교육청-시·군·구청, 학교-지역사회의 소통과 연계를 위한
    교육복지거버넌스 구축

하나, 배움과 성장을 지속하는 평생학습을 위해 힘쓰겠습니다.

○ 생애주기별 진로 설계를 위한 평생학습체계 구축

○ 교육청-지자체-대학-기업 간 평생학습 협업시스템 구축

○ 고교학점제 연계 청소년 자기주도형 진로교육 시스템 도입

하나, 미래사회 변화에 맞는 교육 환경을 구축하겠습니다.

○ 미래사회 변화에 대응하는 '디지털교육도시' 구축

○ 그린스마트스쿨 등 지속가능한 미래교육환경 조성

○ 교육자원 정보를 공유·활용하는 미래교육 통합플랫폼 구축

하나, 함께하는 미래학교와 마을공동체를 조성하겠습니다.

○ 지속가능한 마을교육공동체 실현을 위한 민·관·학거버넌스 법적 제도 마련

○ 마을교육공동체를 위한 지원시스템 구축

○ 학교교육과 결합 가능한 마을교육과정 구성

하나, 인천을 품고 세계로 나아가는 시민교육을 하겠습니다.

○ '환경특별시 인천'을 위한 기후위기 대응 및 생태환경교육 강화

○ 지역교육과정 실현으로 인천형 시민교육 운영

○ 문화와 제도혁신이 융합하는 학교민주주의 체제 구축

○ 학생의 정치활동 보장을 통한 주권교육 실현

우리는 교육자치와 지방자치 협력의 동반자로서 〈2030 인천 미래 교육 공동비전 선언〉에 담긴 협치의 정신과 가치, 정책을

실현하기 위해 구체적인 협력을 시작할 것이며, 이 선언이 소기의 성과를 거둘 수 있도록 구체 방안을 추진하기로 인천교육시민과 함께 다짐합니다.

2021년 8월 27일

인천광역시교육감, 인천광역시 미래교육위원회 공동위원장, 인천광역시장, 인천시의회 의장, 중구청장, 동구청장, 미추홀구청장, 연수구청장, 남동구청장, 부평구청장, 계양구청장, 서구청장, 옹진군수, 중구의회 의장, 동구의회 의장, 미추홀구의회 의장, 연수구의회 의장, 남동구의회 의장, 부평구의회 의장, 계양구의회 의장, 서구의회 의장, 강화군의회 의장, 옹진군의회 의장

국문초록

이 연구는 협력적 교육거버넌스 이론을 바탕으로 광역수준 교육거버넌스 운영 사례를 분석함으로써 미래교육을 위한 광역수준 교육거버넌스 모델을 제시하는 것을 목적으로 한다.

미래교육을 위한 광역수준 교육거버넌스는 균형적 거버넌스, 협력적 거버넌스를 지향해야 한다. 이를 위해 시도교육청, 시도청, 시도의회, 시민사회 등이 동등하게 참여해야 한다. 국가교육위원회 설치와 국가교육발전계획 수립의 취지와 목적을 생각할 때, 광역과 기초 지방자치단체와 교육청이 따로 국가교육발전계획의 연도별 시행계획을 수립하기보다 광역수준 협력적 교육거버넌스가 연도별 시행계획을 수립해 시행하는 것이 바람직하다.

교육자치와 일반자치의 통합, 민간부문의 참여 확대를 통해 지역교육거버넌스를 구축하려는 시도는 전국에서 꾸준히 이루어졌지만 다음과 같은 한계를 지닌다. (1) 협력적 지역교육거버넌스는 아직 초보 단계이다. (2) 거버넌스 논의와 실천이 진영논리에 갇혀있고, 미래교육을 위해 협력적 교육거버넌스가 반드시 구축되어야 한다는 공감대가 부족하다. (3) 지역교육거버넌스의 기능과 역할, 구조와 운영방식이 서로 다르다.

이 같은 한계를 극복하고 협력적 지역교육거버넌스를 정착시키고 활성화하기 위해 다음과 같이 제안한다. (1) 지역교육거버넌스에 관한 법률을 제정해야 한다. (2) 지역교육거버넌스 활성화를 위한 시도교육감협의회의 관심과 노력이 필요하다. (3) 교육행정협의회를 실질적인 참여적 지역교육거버넌스로 발전시킬 필요가 있다. (4) 거버넌스 정착과 활성화를 위한 지역교육 메타거버넌스가 필요하다. (5) 스마트 교육거버넌스를 실현하기 위한 시도가 필요하다. (6) 거버넌스에 관한 이론과 실천 교육이 필요하다.

• 주제어 : 거버넌스, 협력적 교육거버넌스, 메타거버넌스, 미래교육

ABSTRACT

A Study on Provincial Educational Governance Model for Future Education

The purpose of this study is to present a model of regional level education governance by analyzing cases of implementation of regional level education governance based on the cooperative educational governance theory.

The provincial educational governance for future education should aim for balanced governance, and cooperative governance. To this end, provincial offices of education, provincial offices, provincial councils, and civil society should participate equally. Considering the purpose of the National Education Committee and the National Education Development Plan, regional and local governments and education offices do not separately establish an annual implementation plan for the National Education Development Plan, but regional level cooperative education governance establishes and implements the plan. It is desirable to do.

Attempts to establish a local educational governance through the integration of educational autonomy and general autonomy and the expansion of private sector participation have been steadily made across the country. But they have the following limitations. (1) Local educational governance is still at a beginner level. (2) Governance discussions and practices are confined to partisanship, and there is a lack of consensus that educational governance must be established for future education. (3) The function, role, structure and operation method of local educational governance are different.

In order to overcome these limitations and establish and activate cooperative local education governance, the following suggestions are made. (1) Legislation on local educational governance should be enacted. (2) National Council of Governors of Education needs to pay attention and make efforts to vitalize local educational governance. (3) It is necessary to develop the Education Administration Council into a practical participatory local educational governance. (4) Local educational meta-governance is needed to establish and activate governance. (5) Attempts are needed to realize smart educational governance. (6) Theory and practical education on governance is needed.

• Key words: governance, cooperative educational governance, meta-governance, future education

미래교육과 거버넌스

초판 1쇄 발행 ｜ 2023년 8월 1일

지은이 ｜ 박영대
펴낸이 ｜ 이재호
책임편집 ｜ 이필태

펴낸곳 ｜ 리북(LeeBook)
등 록 ｜ 1995년 12월 21일 제2014-000050호
주 소 ｜ 경기도 파주시 회동길 50, 4층(문발동)
전 화 ｜ 031-955-6435
팩 스 ｜ 031-955-6437
홈페이지 ｜ www.leebook.com

정 가 ｜ 13,000원

ISBN ｜ 978-89-97496-69-3